Inhalt

Camping & Kochbuch

250 leckere und vielfältige Camping-Rezepte.

Phillip Beckneck

Urlaub, die schönste Zeit des Jahres

Ihren Urlaub können Sie auf ganz verschiedene Art und Weise verbringen. Für manche Menschen ist ein Urlaub zu Hause oder ein Urlaub im eigenen Garten genau das Richtige. Für andere Menschen wiederum ist ein Urlaub erst dann wirklich erholsam, wenn sie ein paar Tage aus ihrem Alltag ausbrechen und zu neuen Ufern aufbrechen können. Ist diese Art des Urlaubs gewünscht, stehen etliche Unterkünfte zur Verfügung, die in diesem Fall gebucht werden können. Neben zahlreichen Hotels, Ferienwohnungen, Ferienhäusern, Bauernhöfen oder Booten stehen abenteuerlustigen und naturnahen Urlaubern auch etliche Camping-Plätze in Deutschland sowie im Ausland zur Verfügung, die zur Entspannung und Erholung einladen. Vielleicht haben Sie Ihren Urlaub sogar schon mehrere Male auf einem Campingplatz verbracht und sind hiervon hellauf begeistert. Sollten Sie sich allerdings das erste Mal in Ihrem Leben für einen Campingurlaub entschieden haben, werden Sie Ihre Entscheidung auf keinen Fall bereuen, denn Campingurlaube können mit der richtigen Wahl des Platzes, einer schönen Unterkunft in einem professionellen Zelt, in einem gut ausgestatteten Campingwagen oder beispielsweise in einer kleinen Holzhütte ein voller Erfolg werden.

Kurz wurde es bereits angedeutet: Für einen erfolgreichen und erholsamen Campingurlaub ist nicht nur gute Laune, sondern auch das richtige Equipment erforderlich! Neben einem bequemen Schlafplatz, wetterfester Kleidung und evtl. genügend Lesestoff ist es ebenso wichtig, dass Sie sich während Ihres Campingurlaubs gut und einfach verpflegen können. Was wäre ein Urlaub ohne kleine Leckereien, schmackhafte Mahlzeiten oder köstliche Desserts? Eine wohlschmeckende Mahlzeit rundet den Urlaub doch erst so richtig ab. Nach dem Essen ist der Magen gefüllt und für das Wohl von Leib und Seele gesorgt. Die wichtigsten Küchenutensilien werden in der gewählten Unterkunft, falls dies ein gut ausgestatteter Campingwagen sein wird, bereits vor Ihrer Anreise zur Verfügung stehen, andere Küchenutensilien wie beispielsweise Töpfe, von denen Sie bei sich zu Hause völlig begeistert sind, können Sie kurzerhand auch einfach mitnehmen, um Ihren gewohnten Kochvorgang beibehalten zu können. Dies ist allerdings kein Muss – erkundigen Sie sich schon vor der Buchung, ob und welche Küchenutensilien bereits vor Ort auf Sie warten. Kleine Küchenhelfer wie Gewürze beispielsweise sollten Sie ruhig von zu Hause mitnehmen und die Gewürze wie Salz, Pfeffer oder Zucker in kleinere Steuer abfüllen. Ist die Kochausrüstung vorhanden oder bereits im Reisegepäck verstaut, haben Sie schon das Wichtigste beisammen. Denken Sie allerdings auch an dieses Kochbuch für Campingfreunde!

Sie finden in Ihrem neuen Kochbuch allerlei Rezeptideen, bei denen selbstverständlich darauf geachtet wurde, dass es im Campingurlaub doch einmal schneller gehen sollte, die Mahlzeiten dennoch sehr lecker und trotz der schnellen Zubereitung nahrhaft sind. Obwohl Sie sich dazu entschieden haben, während Ihres Urlaubs selbst zu kochen, haben Sie genügend Zeit für weitere schöne Momente außerhalb des Kochbereichs, die ein Urlaub einfach mit sich bringen sollte. Für Entspannung, Lesestunden, das Erkunden der Umgebung, Spaziergänge, Familienaktivitäten und Ausflüge bleibt dank dieses Rezeptbuchs trotzdem ausreichend Zeit! Die Zweifel, ob Sie sich in Ihrem Urlaub erholen werden, können Sie also getrost zu Hause lassen!

Kommen Sie nun mit auf eine moderne Rezeptreise durch die bunte Campingküche!

Frühstück

Crêpe

Zutaten für 2 Portionen:
1 Schuss Rapsöl/250 ml Milch/2 Prise Salz/2 Eier/125 g Mehl

Zubereitung:
Die Milch und die Eier verquirlen. Danach etwas Öl sowie eine Prise Salz unterrühren. Das Mehl hinzurühren und einen Teig herstellen. Eine Pfanne erhitzen und den Teig portionsweise darin zu einem Crêpe ausbacken. Den Crêpe wenden und von beiden Seiten anbacken. Danach mit den gewünschten Zutaten füllen, einrollen und servieren.

Spiegelei auf Brot

Zutaten für 1 Portion:
Margarine/1 Scheibe Bauernbrot/Pfeffer/4 Scheiben geräucherter Schinken/Salz/1 Scheibe Käse
Knoblauchgranulat/2 Eier

Zubereitung:
Das Brot von beiden Seiten mit der Margarine bestreichen. Eine Pfanne erhitzen und die Brote darin auf beiden Seiten rösten. Danach mit dem Knoblauchgranulat bestreuen. Den Schinken sowie den Gouda auf das Brot legen und das Brot von unten weiterrösten. Das belegte Brot anrichten und etwas Margarine in derselben Pfanne schmelzen lassen. Die Eier darin zu Spiegelei zubereiten und mit Salz sowie Pfeffer würzen. Die fertigen Spiegeleier auf das belegte Brot legen und servieren.

Trauben-Quark

Zutaten für 4 Portionen:
1 EL Zitronensaft/250 g Magerquark/250 g kernlose Weintrauben 1 Becher Naturjoghurt/1 Pck. Vanillezucker/2 EL Zucker

Zubereitung:
Den Zitronensaft mit dem Quark und beiden Zuckersorten verrühren. Die Trauben waschen und halbieren. Den Quark anrichten und mit den Trauben garnieren.

Pancakes

Zutaten für 3 Portionen:
100 ml kohlensäurehaltiges Mineralwasser/250 g Mehl/2 Eier/½ Pck. Backpulver/500 ml Buttermilch
1 Prise Salz

Zubereitung:
Die trockenen Zutaten mischen. Danach die Eier sowie die Buttermilch einrühren und einen Teig zubereiten. Danach das Wasser einrühren und den Teig kurz ruhen lassen. Eine Pfanne erhitzen und den Teig darin portionsweise von beiden Seiten zu Pancakes ausbacken.

Milchsuppe mit Haferflocken

Zutaten für 2 Portionen:
Zimt/500 ml Milch/Zucker/6 EL Haferflocken

Zubereitung:
Zuerst die Milch erwärmen. Danach die Haferflocken sowie den Zucker einrühren und die Masse aufkochen lassen. Den Zimt und den Zucker mischen und über die Milchsuppe geben.

Zwiebel-Spiegelei

Zutaten für 1 Portion:
1 Bund Schnittlauch/20 g Speck/Pfeffer/1 Zwiebel/Salz/2 Eier

Zubereitung:
Den Schnittlauch waschen und in Röllchen schneiden. Den Speck in Scheiben schneiden. Eine Pfanne erhitzen und den Speck darin anbraten. Die Zwiebeln schälen und würfeln. Diese zu dem Speck geben und mit Salz sowie Pfeffer würzen. Die Eier einschlagen und bei geschlossenem Deckel für 2 Minuten stocken lassen. Den Schnittlauch über die Eier streuen.

Spiegelei mit Brotrinde

Zutaten für 1 Portion:
Fett/1 Scheibe Brot/Salz/1 Ei/Pfeffer

Zubereitung:
Die Margarine auf das Brot streichen und das Innere am Stück herausschneiden, sodass nur die Umrandung übrig ist. In einer Pfanne das Fett erhitzen und die Brotkruste hineingeben. Das Ei in die Brotkruste schlagen und mit Salz sowie Pfeffer würzen. Das Innere des Brotes auf das Ei legen und das Brot von beiden Seiten anbraten.

Schafskäse-Tomaten-Rührei

Zutaten für 4 Portionen:
1 TL Butter/6 Eier/Paprikapulver edelsüß/2 Tomaten/Pfeffer/1 Zwiebel/Salz/180 g Schafskäse

Zubereitung:
Die Eier mit etwas Wasser verquirlen und mit Salt sowie Pfeffer würzen. Die Tomaten waschen und in Würfel schneiden. Die Zwiebel schälen und hacken. Den Schafskäse würfeln. In einer Pfanne die Butter erhitzen und die Zwiebeln darin dünsten. Danach die Tomaten hinzugeben und mit braten. Danach den Schafskäse hinzugeben und verrühren. Die Eier zu den Tomaten gießen und für 5 Minuten stocken lassen.

Obst-Müsli mit Nüssen

Zutaten für 2 Portionen:
2 EL gehackte Walnüsse/400 g Naturjoghurt/6 EL Haferflocken/2 EL Honig/1 Apfel/10 Erdbeeren

Zubereitung:
Den Joghurt mit dem Honig verrühren. Den Apfel entkernen und klein schneiden. Die Erdbeeren waschen und ebenfalls klein schneiden. Das Obst mit den Haferflocken sowie den Walnüssen in den Joghurt rühren und servieren.

Schmarrn mit Apfel und Nougatsauce

Zutaten für 4 Portionen:
Puderzucker/3 Eier/2 EL Nussnougatcreme/150 g Dinkelmehl/1 EL Zitronensaft/1 Msp. Backpulver/2 Äpfel/1 Pck. Vanillezucker/2 EL Milch/1 Prise Salz/150 ml Milch

Zubereitung:
Das Mehl mit den Eiern, dem Salz, dem Backpulver sowie dem Vanillezucker verrühren. Danach 150 ml Milch einrühren und den Teig für 10 Minuten quellen lassen. Die Äpfel schälen, entkernen und würfeln. Diese mit dem Zitronensaft beträufeln. Ihn einer Pfanne das Öl erhitzen und die Hälfte des Teiges hineingeben. Darüber die Apfelwürfel geben und stocken lassen. Diese Wenden und in Stücke schneiden. Den Schmarrn etwas anbraten und aus der Pfanne nehmen. Den restlichen Teig ebenso verarbeiten. Ein Wasserbad erhitzen und 2 EL Milch mit der Nussnougatcreme darin schmelzen lassen. Den Schmarrn anrichten und mit der Sauce beträufeln. Darüber den Puderzucker geben und servieren.

Eier-Kokos-Toast

Zutaten für 2 Portionen:
Butterschmalz/2 Eier/140 g Kokosraspeln/200 ml Kokosmilch/4 Scheiben Sandwichtoast/40 g Puderzucker/1 Prise Salz

Zubereitung:
Die Kokosmilch mit den Eiern, dem Salz sowie dem Puderzucker verrühren. Das Toast diagonal halbieren und in die Eiermasse legen. Anschließend die Toastscheiben in den Kokosraspeln wenden. In einer Pfanne dem Butterschmalz erhitzen und die Toastbrotscheiben darin von beiden Seiten anbraten.

Erdbeer-Joghurt-Salat

Zutaten für 1 Portion:
250 g Vollmilch-Joghurt/200 g Erdbeeren/1TL Honig/1 EL Orangensaft

Zubereitung:
Die Erdbeeren waschen und halbieren. Den Joghurt mit dem Honig sowie dem Orangensaft verrühren. Die Joghurtsauce über die Erdbeeren gießen und den Salat anrichten.

Mandarinen-Mandel-Quark

Zutaten für 4 Portionen:
200 ml Milch/500 g Magerquark/3 EL gehackte Mandeln/2 EL Zucker/1 Dose Mandarinen/1 Pck. Vanillezucker

Zubereitung:
Zuerst die Mandarinen abtropfen lassen. Die Milch mit dem Quark, dem Vanillezucker sowie dem Zucker verquirlen. Die Mandeln unterheben und anschließend die Mandarinen einrühren.

Grieß-Quark-Puffer

Zutaten für 2 Portionen:
Öl/250 g Magerquark/1 Prise Salz/2 Eier/2 EL Grieß/60 g blütenzarte Haferflocken

Zubereitung:
Die Eier mit dem Quark dem Grieß sowie etwas Salz und den Haferflocken verrühren. Die Haferflocken für 20 Minuten quellen lassen. Öl in einer Pfanne erhitzen und aus dem Teig Puffer formen. Diese in der Pfanne von beiden Seiten anbraten.

Himbeer-Haferbrei

Zutaten für 2 Portionen:
Zimtpulver/2 Tassen gefrorene Himbeeren/1 ½ Tassen kernige Haferflocken/2 EL Honig/3 Tassen Wasser

Zubereitung:
Die gefrorenen Himbeeren auftauen lassen. Diese mit dem Honig verrühren und stampfen. Den Himbeermus mit dem Zimtpulver abschmecken. Die Haferflocken mit dem Wasser unter ständigem Rühren aufkochen. Den Brei ohne Hitze für 5 Minuten unter gelegentlichem Umrühren ruhen lassen. Den Brei anrichten und mit dem Himbeermus garnieren.

Rührei mit Curry

Zutaten für 4 Portionen:
Petersilie/6 Eier/Pfeffer/1 Zwiebel/Salz/1 TL Currypulver/Butter

Zubereitung:
Die Zwiebel schälen und würfeln. Die Eier mit dem Currypulver, Salz sowie Pfeffer verrühren. In einer Pfanne die Butter schmelzen und die Zwiebeln mit etwas Currypulver darin anbraten. Danach die Eimasse hinzugeben und zu Rührei anbraten. Das Rührei anrichten und mit der Petersilie bestreuen.

Einfacher Toast mit Käse

Zutaten für 1 Portion:
Butter/2 Scheiben Weißbrot/Käse in Scheiben

Zubereitung:
Die Butter auf die Brotscheiben streichen. Eine Pfanne erhitzen und die Toastbrotscheiben mit der Butterseite anbraten. Anschließend den Käse darauf geben und die zweite angeröstete Brotscheibe auf den Käse legen. Das Toast von beiden Seiten anbraten.

Paprika-Omelette

Zutaten für 4 Portionen:

Muskat/1 Zwiebel/Pfeffer/2 rote Paprikaschoten/Salz/1 grüne Paprikaschote/½ TL Paprikapulver edelsüß/3 EL Olivenöl/100 g Sahne/2 Knoblauchzehen/6 Eier

Zubereitung:

Die Zwiebel schälen und hacken. Die Paprika entkernen, waschen und in Würfel schneiden. In einer Pfanne Öl erhitzen und die Zwiebeln mit der Paprika darin dünsten. Den Knoblauch schälen und durch eine Knoblauchpresse drücken. Den Knoblauch zu der Paprika geben und mit dünsten. Die Eier mit der Sahne verquirlen und die Eimasse mit Muskat, Salz, Paprikapulver sowie Pfeffer würzen. Die Eimasse über das Gemüse geben und für 10 Minuten bei geschlossenem Deckel stocken lassen. Die Eier stocken lassen und von beiden Seiten anbraten.

Gefüllte Gemüse Pfannkuchen

Zutaten für 2 Portionen:

Für den Teig:

30 ml kohlensäurehaltiges Mineralwasser/3 Eier/4 EL Öl/120 g Mehl/1 Prise Salz

Für die Füllung:

200 g Créme fraîche/2 Schalotten/100 ml Gemüsebrühe/500 g Champignons

Für den Salat:

700 g Tomaten/1 Bund Lauchzwiebeln

Für das Dressing:

1 TL Zucker/4 TL Balsamico Bianco/3 TL gefrorenes Basilikum/4 TL Olivenöl/1 TL Senf/

30 ml Gemüsebrühe

Zubereitung:

Die Eier trennen und das Eiweiß steif schlagen. Das Mehl mit etwas Salz, dem Eigelb sowie dem Wasser und der Milch verrühren. Den Eischnee unterheben. In einer Pfanne Öl erhitzen und die Hälfte des Teiges darin von beiden Seiten anbraten. Die Schalotten würfeln und in einer Pfanne ohne Fett rösten. Die Champignons waschen und in Scheiben schneiden. Diese unter Rühren mit braten und mit der Brühe ablöschen. Die Brühe für 5 Minuten köcheln lassen und das Créme fraîche einrühren. Danach die Füllung würzen. Die Tomaten und den Lauch waschen. Beides klein schneiden. Die Zutaten für das Dressing verrühren und abschmecken. Die Pfannkuchen mit der Füllung belegen, zusammenrollen und mit dem Salat servieren.

Cremige Krabbenbrötchen

Zutaten für 1 Portion:
1 Salatblatt/1 Brötchen/1 Prise Salz/50 g Nordseekrabben/Pfeffer/1 EL Sahnejoghurt/1 Prise Zucker/1 EL Mayonnaise/1 Spritzer Zitronensaft/1 TL gehackter Dill/1 Knoblauchzehe

Zubereitung:
Die Mayonnaise mit dem Joghurt, etwas Zitronensaft und dem Dill verrühren. Den Knoblauch schälen, hacken und unter die Joghurt-Masse rühren. Diese mit Zucker, Salz und Pfeffer würzen. Die Masse für 30 Minuten im Kühlschrank ruhen lassen. Den Salat waschen und in Streifen schneiden. Das Brötchen aufschneiden und auf die Unterseite den Salat verteilen. Darauf die Krabben geben und mit der Joghurtmasse bedecken. Die Oberseite des Brötchens drauflegen und das Krabbenbrötchen servieren.

Eier-Omelette mit Thunfisch

Zutaten für 2 Portionen:
4 Eier/2 Zwiebeln/Pfeffer/3 EL Olivenöl/Salz/1 Dose Thunfisch/Gehackte Petersilie

Zubereitung:
Die Zwiebeln schälen und würfeln. In einer Pfanne das Fett erhitzen und die Zwiebel darin anschwitzen. Den Thunfisch zerrupfen und zu den Zwiebeln geben. Darüber die Petersilie streuen. Die Eier verquirlen und würzen. Die Eimasse über den Thunfisch geben und stocken lassen. Das Omelette zusammenrollen und servieren.

Eier-Gurken-Salat

Zutaten für 6 Portionen:
Pfeffer/13 Eier/Salz/1 Glas Mayonnaise/10 EL Milch/2 Gewürzgurken/1 EL Senf/1 Zwiebel

Zubereitung:
Die Eier hartkochen, abschrecken und pellen. Die Gurken würfeln. Die Zwiebel schälen und würfeln. Die Eier ebenfalls klein schneiden. Diese mit der Zwiebel, der Gurke sowie den restlichen Zutaten mischen und mit Senf, Salz und Pfeffer würzen.

Haselnuss-Brötchen

Zutaten für 4 Portionen:
Butterschmalz/4 Brötchen/3 Eiweiß/300 ml Milch/2 EL Zucker/3 Eigelb/2 EL Zucker/3 EL Weinbrand

Zubereitung:
Die Brötchen in Scheiben schneiden. Das Eigelb mit der Milch, dem Zucker sowie dem Weinbrand verrühren. Die Milchmischung über die Brötchen geben und einweichen lassen. Das Eiweiß anschlagen und die Brötchen darin wenden. Danach mit den Haselnüssen bestreuen. In einer Pfanne das Butterschmalz schmelzen und die Brötchen darin anbraten.

Tomaten-Sandwiches

Zutaten für 2 Portionen:

Pfeffer/4 Scheiben Toastbrot/Salz/1 Tomate/1 Bund Basilikum/100 g Frischkäse

Zubereitung:

Die Toastbrotscheiben mit dem Frischkäse bestreichen. Die Tomaten waschen und in Scheiben schneiden. Diese auf das Brot legen und mit Basilikum, Salz und Pfeffer bestreuen. Die Brote diagonal durchschneiden und anrichten.

One Pot Rezepte

Italienischer Zaubertopf

Zutaten für 2 Portionen:

2 TL Majoran/1/4 TL Chilipulver/2 EL Olivenöl/1 EL Frischkäse/800 ml Gemüsebrühe
Salz und Pfeffer/1 Zwiebel/1 Knoblauchzehe/250 g Pasta (Farfalle, Fusilli oder Penne)
100 g frischer Spinat oder 3 Taler TK-Spinat/1 Dose Tomaten/1 Handvoll Basilikum

Zubereitung:

Den Knoblauch und die Zwiebeln schälen und fein schneiden. Basilikum und Spinat
ebenfalls klein schneiden. Anschließend alle Zutaten in einen großen Topf geben, mit der
Gemüsebrühe aufgießen und die Nudeln darin kochen bis sie gar sind. Je nach Bedarf
noch etwas Flüssigkeit nachgießen. Mit den Gewürzen abschmecken und servieren.

One-Pot-Pasta

Zutaten für 2 Portionen:

250 g Spaghetti//1 Knoblauchzehe/100 g frische Champignons /5 Cocktailtomaten/einige
Stiele frisches Basilikum /1 Dose Pizzatomaten /50 g geriebener Käse, z. B. Mozzarella/n.
B. Gemüsebrühe, instant, für 0,5 l/½ Liter Wasser/2 EL Olivenöl/Salz nach Belie-
ben/Pfeffer nach Belieben/2 EL Oregano

Zubereitung:

Die Spaghetti einmal durchbrechen. Die Knoblauchzehen und Zwiebeln schälen und fein
hacken, die Champignons putzen und klein schneiden. Die Basilikumblätter grob hacken,
die Tomaten waschen und vierteln. Alle Zutaten in einen großen Topf geben, anschließend die Pizzatomaten hinzufügen. Alles gut mit Salz und Pfeffer würzen und die 2 EL
Oregano hinzufügen. Die Gemüsebrühe, das Olivenöl und den geriebenen Käse ebenfalls
in den Topf geben. Nun den Topf auf den Herd stellen und den Inhalt noch einmal gut
umrühren und zum Kochen bringen. Das Ganze 10 bis 15 Minuten kochen lassen und
etwa alle 2 Minuten gründlich umrühren. Die Champignons waschen und in dünne Scheiben hobeln, mit geriebenem Käse und den Basilikumblättern garnieren.

One-Pot-Tex-Mex

Zutaten für 3 Portionen:
800 ml Hühnerbrühe/150 g Bohnen, schwarz/100 g Käse, gerieben/200 g Nudeln, z. B. Spirelli/1 Dose Mais/1 Paprika, grün/1 kleine Zwiebel/1 Dose Tomatensauce, mit Stücken/1 Prise Cayennepfeffer/Salz/2 TL Olivenöl

Zubereitung:
Zunächst alle Zutaten bis auf den Käse und die Bohnen klein schneiden und in einen großen Topf geben. Alles gut umrühren und zum Kochen bringen und das Ganze 10 bis 15 Minuten kochen. Es sollte noch die Hälfte der Flüssigkeit im Topf sein, gießen Sie gegebenenfalls etwas Wasser hinzu. Anschließend den Topf vom Herd nehmen, den Käse und die Bohnen zufügen. Die Bohnen erwärmen und den Käse schmelzen lassen, die restliche Flüssigkeit sollte verdampfen. Servieren!

One-Pot-Carbonara

Zutaten für 2 Portionen:
125 g Schinkenwürfel/200 ml Sahne/300 ml Milch/400 ml Wasser/300 g Spaghetti/1 Knoblauchzehe/1 Schuss Olivenöl/1 TL Gemüsebrühepulver/1 EL Parmesan, gerieben/Salz und Pfeffer/Kräuter, frisch, getrocknet oder TK

Zubereitung:
Die Schinkenwürfel in einem großen Topf anbraten. Die Knoblauchzehe pressen und hinzufügen, zusammen mit etwas Olivenöl kurz anbräunen. Die Nudeln hinzufügen, mit Wasser, Milch, Sahne übergießen und das Gemüsebrühepulver hinzufügen. Ca. 15 Minuten kochen lassen und regelmäßig gut durchrühren. Anschließend die Gewürze und Kräuter hinzufügen und je nach Geschmack geriebenen Parmesan hinzufügen. Wenn die Nudeln gar sind und die Sauce sämig, ist das Gericht fertig.

One-Pot mit Pute

Zubereitung für 4 Portionen:
250 ml Sahne, evtl. mit 7 % Fett/300 g Penne/175 g Kräuterfrischkäse, evtl. fettreduziert 400 g Putengeschnetzeltes200 g Champignons, braun/1 Bund Frühlingszwiebeln/200 g Cocktailtomaten/350 ml Gemüsebrühe/Salz und Pfeffer/n. B. Paprikapulver/n. B. Chilipulver/n. B. Basilikum
n. B. Petersilie

Zubereitung:
In einem großen Topf das Putenfleisch mit Pfeffer, Paprika, Salz, und Chili würzen. Champignons waschen und vierteln, Frühlingszwiebeln in Ringe schneiden, ebenfalls in den Topf geben und anbraten. Anschließend die Cocktailtomaten waschen, halbieren und ebenfalls hinzufügen. Die Sahne und Gemüsebrühe aufgießen und alles zum Kochen bringen, anschließend die Nudeln hinzufügen und bei mittlerer Hitze garen. Sobald die Sauce gut ein gekocht ist und die Nudeln gar sind, den Frischkäse hinzugeben und gut umrühren. Zum Schluss das Gericht abschmecken und gut mit Petersilie und Basilikum garnieren.

One-Pot-Pasta mit Schinken

Zutaten für 2 Portionen:
2 EL Petersilie, gehackt/150 g Schinken, gewürfelt/1 Zwiebel, gewürfelt/Salz und Pfeffer/300 g Fleckerl/3 EL Sauerrahm/10 EL Sahne

Zubereitung:
Den Schinken klein schneiden, die Zwiebeln schälen und in kleine Würfel schneiden. Anschließend alles zusammen mit den Fleckerln in einen großen Topf geben und so viel Wasser hinzufügen bis die Nudeln bedeckt sind. Ca. 10 Minuten kochen lassen, zwischendurch gut umrühren. Nun den Topf vom Herd nehmen, den Sauerrahm, die Sahne und die gehackte Petersilie hinzufügen. Nach Belieben mit Salz und Pfeffer würzen.

One-Pot mit Zucchini

Zutaten für 2 Portionen:

250 g Vollkornnudeln/1 Zwiebel/250 ml Schlagsahne/1 große Zucchini/250 g Cherry-Tomaten/Salz und Pfeffer/Basilikum/Olivenöl

Zubereitung:

Die Zwiebel schälen und klein schneiden. Die Zucchini ebenfalls klein schneiden und in etwas Olivenöl anbraten, bis sie glasig werden. Die Cherry-Tomaten waschen und ebenfalls hinzufügen. Mit der Schlagsahne ablöschen und mit etwas Wasser aufgießen. Anschließend die Nudeln hinzufügen und bei geschlossenem Deckel so lange kochen lassen, bis die Nudeln gar sind und die Sauce sämig ist.

One-Pot-Curry-Glasnudeln

Zutaten für 2 Portionen:

1 EL Paprikapulver/1 EL Sriracha-Sauce/400 ml Kokosmilch/400 ml Brühe/100 g Glasnudeln/80 g Udon-Nudeln/1 rote und eine grüne Paprika/4 Karotten/1 EL Kokosöl/3 EL Currypulver

Zubereitung:

Die Paprika waschen und in Würfel schneiden, die Karotten schälen und in mundgerechte Stücke schneiden. Das Kokosöl in einem großen Topf heiß werden lassen. Darin die Karottenstücke und Paprika drei Minuten bei mittlerer Hitze braten. Currypulver, Sriracha-Sauce, Kokosmilch, Paprikapulver und Brühe hinzufügen. Alles gut umrühren und aufkochen lassen. Die Udon-Nudeln und Glasnudeln ebenfalls hinzufügen und 5 Minuten kochen lassen, bis die Nudeln al dente sind. Nach Belieben nachwürzen und servieren.

One-Pot-Nudeln mit Schweinefilet

Zutaten für 2 Portionen:

200 g Schweinefilet/1 EL Öl/Salz/200 g Bavette (Kochzeit 8 Minuten)/50 ml Reiswein (Sake, ersatzweise trockener Sherry)/50 ml Sojasauce/1 TL Sesamöl, dunkel/1 EL Sesamsamen, geröstet/400 g Brokkoli/4 Frühlingszwiebeln/2 Schalotten/1 Knoblauchzehe/20 g Ingwer

Zubereitung:

Frühlingszwiebeln putzen, waschen und in Ringe schneiden. Den Knoblauch und die Schalotten schälen und in dünne Scheiben schneiden. Den Brokkoli putzen, waschen und in Röschen teilen. Das Schweinefilet in Scheiben schneiden. Den Ingwer ebenfalls schälen und sehr fein würfeln. Öl in einem großen Topf erhitzen. Das Schweinefilet bei starker Hitze ca. 1 Minute anbraten, etwas salzen und herausnehmen. Anschließend den Topf vom Herd nehmen. Nudeln, Frühlingszwiebeln, Knoblauch, Brokkoli, Schalotten und den Ingwer hinzufügen. Dann Sesamöl, Sojasauce, ca. 550 ml Wasser und 1 TL Salz hinzugeben. Nun alles bei geschlossenem Deckel und starker Hitze zum Kochen bringen. Die Nudeln jetzt offen bei mittlerer Hitze ca. 10 Minuten kochen lassen. Zwischendurch immer wieder umrühren. Zwischendurch probieren, ob die Nudeln gar sind. Sollten die Nudeln nicht gar sein, fügen Sie etwas Wasser hinzu und lassen Sie das Ganze weiter köcheln. Jetzt das Schweinefleisch unterheben und noch mal kurz alles erhitzen. Die Nudeln mit gerösteten Sesamsamen bestreuen und servieren.

One-Pot mit Zitronensauce

Zutaten für 2 Portionen:

2 Stiele Petersilie/200 g Tagliatelle (grün, Kochzeit 6 Minuten)/100 ml Schlag-sahne/Salz/1 Zitrone (bio, abgeriebene Schale)/80 g Zuckerschoten/150 g Spargel, grün/1 Bund Frühlingszwiebeln/Pfeffer/etwas Zitronensaft/Parmesan, gerieben (nach Belieben)

Zubereitung:

Die Zuckerschoten waschen, putzen und halbieren. Den Spargel waschen, schälen und die unteren Enden abschneiden. Den Spargel in Stücke schneiden. Die Frühlingszwiebeln werden gewaschen und in feine Ringe geschnitten. Petersilie waschen, die Blätter abzup-fen und zur Seite legen. Die Zuckerschoten mit den Nudeln, dem Spargel und den Früh-lingszwiebeln in einen großen Topf geben. Die Schlagsahne, 500 ml kaltes Wasser, einen Teelöffel Salz und die Zitronenschalen hinzufügen. Zugedeckt bei starker Hitze zum Ko-chen bringen. Das Ganze bei mittlerer Hitze ca. 10 Minuten kochen lassen, zwischen-durch gut umrühren. Mit dem Zitronensaft, Salz und Pfeffer abschmecken. Die Petersilie fein hacken und hinzufügen, nach Belieben mit Parmesan bestreuen.

One-Pot-Mozzarella-Pasta

Zutaten für 2 Portionen:

1 Prise Salz/1 Prise Oregano, getrocknet/300 g Tomaten, geschält (aus der Dose)/450 ml kaltes Wasser/1 Bund Basilikum/20 g Parmesan/1 Handvoll grüne Oliven (ohne Kern)/1 kleine Zwiebel/2 Knoblauchzehen/etwas Olivenöl/200 g Vollkorn-Spaghetti (Kochzeit 8 Minuten)/125 g Mozzarella/Pfeffer (aus der Mühle)

Zubereitung:

Knoblauch und Zwiebeln schälen und fein hacken. Die Tomaten in grobe Stücke schneiden, so viel Saft behalten, dass es die angegebene Menge von 300 g ergibt. In einen großen Topf etwas Olivenöl geben und Knoblauch, Zwiebeln, Nudeln, Oregano, Salz, Tomaten und Wasser hinzufügen. Bei geschlossenem Deckel zum Kochen bringen, sobald es kocht den Deckel entfernen und ca. 10 Minuten weiterköcheln lassen. Zwischendurch immer wieder mal gut umrühren. Das Basilikum waschen, zupfen und fein hacken. Die Oliven in grobe Stücke schneiden, den Parmesan fein reiben. Den Mozzarella in Würfel schneiden. Zum Ende der Garzeit den Parmesan, die Oliven, Basilikum und in etwa die Hälfte des Mozzarellas zu den Nudeln geben. Nun alles gut verrühren, bis der Käse komplett geschmolzen ist und mit Salz und Pfeffer nach Belieben abschmecken. Die fertige Pasta mit dem restlichen Mozzarella garnieren.

One-Pot-Thunfisch-Pasta

Zutaten für 2 Portionen:
etwas Olivenöl/200 ml Passata/550 ml Wasser/200 g Spiralen (Kochzeit 9 bis 10 Minuten)/Salz/Pfeffer (aus der Mühle)/1 Prise Oregano, getrocknet/140 g schwarze Oliven/1 Zwiebel/1 Knoblauchzehe/1 Aubergine/3 Handvoll frischer Spinat/1 Dose Thunfisch/150 g Feta

Zubereitung:
Zuerst die Aubergine waschen und grob würfeln. Knoblauch und Zwiebeln schälen und fein würfeln. In einem großen Topf etwas Öl erhitzen und die Auberginen-Würfel ein wenig anbraten. Anschließend Knoblauch und Zwiebeln hinzufügen und mit anbraten. Jetzt werden Passata, Nudeln, Pfeffer, Salz, Wasser, Oliven und Oregano hinzugegeben. Bei geschlossenem Deckel alles aufkochen lassen. Sobald alles kocht, den Deckel abnehmen und das Ganze ca. 15 Minuten weiter köcheln lassen. Zwischendurch immer wieder gut umrühren. In der Zwischenzeit wird der Spinat gewaschen und in Streifen geschnitten. Kurz vor Ende der Garzeit Spinat und Thunfisch hinzufügen und gut umrühren. Noch mal gut mit Salz und Pfeffer abschmecken und die Hälfte des Fetas hineinbröckeln. Über die fertige Pasta den restlichen Feta streuen.

One-Pot-Pasta mit Artischocken und Zitrone

Zutaten für 4 Portionen:
240 g Artischocken, eingelegt (Glas oder Dose)/500 g Pasta/1 EL Butter/250 ml Milch/1 L Gemüsebrühe/2 große Handvoll Spinat/1 Knoblauchzehe/1 Zwiebel/Parmesan nach Geschmack/1 Zitrone, gepresst/Salz und Pfeffer

Zubereitung:
Die Artischocken in ein Sieb geben. Knoblauch und Zwiebel schälen, den Knoblauch fein hacken die Zwiebel in Streifen schneiden. Zwiebel, Knoblauch, Artischocken, Pasta, Milch, Butter und Gemüsebrühe in einen großen Topf geben. Einmal aufkochen lassen, anschließend unter gelegentlichem Rühren ca. 10 bis 15 Minuten köcheln lassen, bis die Pasta al dente ist. Zitronensaft, Spinat und nach Belieben Parmesan hinzufügen. Mit Salz und Pfeffer würzen und genießen.

One-Pot-Zucchini-Tomaten

Zutaten für 4 Portionen:

400 ml Gemüsesbrühe/1 Zwiebel/Öl (zum Braten)/Basilikum/Salz und Pfeffer/200 g Nudeln/400 g Tomaten, geschält/½ Zucchini

Zubereitung:

Zwiebel schälen und in kleine Würfel schneiden, Zucchini waschen und ebenfalls in kleine Würfel schneiden. In einem großen Topf etwas Öl erhitzen und die Zucchini und Zwiebeln darin scharf anbraten. Die Gemüsesbrühe und Tomaten hinzufügen. Anschließend die Nudeln hinzugeben und auf kleiner Hitze ca. 15 Minuten köcheln lassen, bis die Nudeln al dente sind. Mit Basilikum, Salz und Pfeffer je nach Belieben würzen.

One-Pot-Pasta mit Muscheln

Zutaten für drei Portionen:

1 EL Petersilie, tiefgefroren/100 ml Fischfond/150 g Spaghetti/350 g Muscheln (Vongole)/100 g Cocktailtomaten/1 Knoblauchzehe

Zubereitung:

Zuerst die Muscheln säubern. In einem Topf 400 ml Wasser erhitzen und die Nudeln darin ca. 5 Minuten garen. Anschließend die Muscheln hinzufügen und weitere 5 Minuten köcheln lassen. Nun das Wasser abgießen und die Muscheln und Nudeln zurück in den Topf geben, das Ganze mit dem Fischfond aufgießen. Den Knoblauch schälen und pressen, die Cocktailtomaten waschen und halbieren. Die Petersilie zu den Nudeln geben und gut verrühren.

One-Pot-Pasta mit Lachs

Zutaten für zwei Portionen:
400 ml Gemüsesbrühe/150 g Cocktailtomaten/200 g Räucherlachs/500 g grüner Spargel/200 g Nudeln/50 g Lauch

Zubereitung:
Den Spargel schälen und die häutigen Enden abschneiden. Die Spargelstangen in ca. 3 cm dicke Stücke schneiden, die Spargelköpfe werden beiseitegelegt. Den Lauch waschen und in Ringe schneiden, Tomaten waschen und vierteln. Die Spargelstücke, Nudeln, Lauch und die Gemüsebrühe in einen Topf geben und bei geschlossenem Deckel ca. 10 Minuten köcheln lassen, zwischendurch gut umrühren. Die Tomaten und Spargelköpfe hinzufügen und weitere 5 Minuten köcheln lassen. Zum Ende der Garzeit sollte die Flüssigkeit größtenteils aufgesogen sein. In der Zwischenzeit den Lachs in kleine Stücke schneiden. Sobald die Pasta gar ist, die Lachsstücke untermischen, nach Belieben würzen und servieren.

One-Pot mit Gemüse und Pilzen

Zutaten für drei Portionen:
1 rote Chilischote/50 g Pinienkerne/200 g Spaghetti/100 g Frischkäse/½ Zitrone (abgeriebene Schale und Saft)/550 g Pilze, getrocknet (oder 250 g frische Pilze)/150 g Tomaten/2 bis 3 Knoblauchzehen/Lauch (ca. 200 g)/Auberginen (ca. 250 g)/500 ml Gemüsesuppe/40 g Parmesan, gerieben/frische Kräuter (Bärlauch, Basilikum, Petersilie)/Salz und Pfeffer

Zubereitung:
Zunächst die getrockneten Pilze in ca. 200 ml Wasser für ca. 30 Minuten quellen lassen oder die frischen Pilze putzen und in Scheiben schneiden. Auberginen und Tomaten würfeln, den Knoblauch schälen und fein hacken. Den Lauch in Ringe schneiden und gründlich waschen. Die Chilischote zuerst entkernen und dann klein schneiden. In einem Topf die Pinienkerne vorsichtig rösten, sobald sie braun sind sofort aus dem Topf nehmen. Tomaten, Pilze, Lauch, Frischkäse, Spaghetti, Auberginen, Chili, Knoblauch, Zitronenschalen und den Saft, Pfeffer und Salz in den Topf geben. Mit der Gemüsesuppe aufgießen und bei geschlossenem Deckel zum Kochen bringen. Nach ca. 5 Minuten den Deckel vom Topf nehmen und unter ständigem Rühren weiter kochen lassen, bis die Flüssigkeit fast verkocht ist und die Spaghetti al dente sind. Zum Schluss die Pinienkerne, Kräuter und den Parmesan untermischen. Noch einmal alles gut verrühren und servieren.

One-Pot-Pasta-Gemüse

Zutaten für vier Portionen:
150 g Schinken/1 Becher Frischkäse/3 EL Olivenöl/150 g Dinkel-Vollkornnudeln/250 ml Weißwein/10 Cherry-Tomaten/1 Schuss Balsamico-Essig/2 große Jungzwiebeln/2 rote Spitzpaprika/1 orange Paprika/2 Zucchini

Zubereitung:
Die Zwiebeln schälen und in Würfel schneiden, die Paprika waschen und in Streifen schneiden. Zwiebeln und Paprika in einen Topf mit etwas Olivenöl geben und anrösten, mit Weißwein und Essig ablöschen. Die Vollkornnudeln hinzufügen und bei geringer Hitze fast garkochen. Den Schinken in Streifen schneiden, die Zucchini in Scheiben schneiden und mit in den Topf geben. Den Frischkäse unterrühren, die Cherry-Tomaten waschen, halbieren und ebenfalls hinzufügen. Mit Salz und Pfeffer würzen und servieren.

One-Pot alla Puttanesca

Zutaten für 4 Portionen:
100 g Tomaten, getrocknet (in Öl eingelegt)/2 Knoblauchzehen/3 EL Tomatenmark/30 g Sardellen/30 g Oliven/5 g Kapern/1 EL Ahornsirup/1 Chilischote/800 bis 900 ml Gemüsebrühe/1 Zwiebel/1 EL Olivenöl/300 g Spaghetti/150 g Cocktailtomaten/2 EL Italienische Kräuter/Salz, Pfeffer/1 Bund Basilikum

Zubereitung:
Knoblauch, Tomaten, Sardellen und Chili klein schneiden. Die Zwiebeln schälen und klein schneiden, in einem großen Topf mit etwas Olivenöl andünsten. Mit der Gemüsebrühe aufgießen. Sardellen, getrocknete Tomaten, Knoblauch, Cocktailtomaten, Ahornsirup und Chili hinzufügen und aufkochen lassen. Die Spaghetti hinzufügen und nach Packungsanleitung garen. Nach etwa der halben Garzeit umrühren. Falls die Sauce noch zu flüssig sein sollte, ohne Deckel weiter kochen lassen. Die Oliven und Kapern fein hacken, sobald die Spaghetti al dente sind, die Oliven und Kapern hinzufügen und unterrühren. Basilikum waschen und die Blätter fein hacken, die Sauce noch mit Pfeffer und Salz abschmecken. Die fertige Pasta mit dem Basilikum bestreuen und servieren.

One-Pot-Pasta mit Shrimps

Zutaten für 4 Portionen:

200 g Shrimps/1 Knoblauchzehe, gepresst/40 g Schlagsahne/70 g Parmesan, gerieben/1 Stängel Minze, abgezupft/Salz/Pfeffer, frisch gemahlen/300 g Spaghetti/600 ml Wasser (oder Gemüsesuppe)/1½ Zucchini/90 g Erbsen (frisch oder tiefgekühlt)

Zubereitung:

Die Zucchini waschen und in grobe Stücke schneiden, die Knoblauchzehe schälen und pressen. Nun alle Zutaten in einen großen Topf geben. Die Pasta zum Kochen bringen, anschließend die Hitze reduzieren und weiter köcheln lassen. Zwischendurch immer wieder gut umrühren. Das Ganze ca. 15 bis 20 Minuten köcheln lassen, mit Pfeffer und Salz nochmals abschmecken und servieren.

One-Pot asiatisch

Zutaten für 2 Portionen:

200 g Vollkornspaghetti/50 g Erdnüsse (geröstet und gesalzen)/1 TL Ahornsirup/40 g Erdnussmus/ca. 10 ml Sojasauce/500 ml Gemüsesuppe/Kräuter (frisch und gehackt)/Zitronensaft/100 g Karotten/1 Paprika (ca. 100 g)/30 g Jungzwiebeln/10 g frischer Ingwer/2 bis 3 Knoblauchzehen

Zubereitung:

Paprika, Karotten, Zwiebeln, Ingwer und Knoblauch raspeln oder klein schneiden und mit allen anderen Zutaten zusammen in einen großen Topf geben. Alles zum Kochen bringen, wenn die Spaghetti weich genug sind, alles gut vermischen. Nun bei geschlossenem Deckel weitere 15 Minuten köcheln lassen. Wenn die Flüssigkeit größtenteils verkocht ist, mit Sojasoße und Zitronensaft abschmecken und die Kräuter hinzufügen. Fertig!

One-Pot-Pasta mit Gemüse

Zutaten für 4 Portionen:
Salz/Parmesan, frisch gerieben/750 ml Suppe (Rind, Gemüse, usw.)/8 Tomaten (getrocknet, in Öl)/Pfeffer/Knoblauchsalz/Kräutersalz/Kräuter. Frisch/400 g Bandnudeln/100 ml Schlagsahne/200 g Brokkoli/200 g grüner Spargel/1 Knoblauchzehe/1 kleine Zucchini/2 EL Olivenöl

Zubereitung:
Das gesamte Gemüse waschen, schälen und in Stücke schneiden Knoblauch und Zwiebeln schälen und hacken. In einem großen Topf etwas Olivenöl erhitzen, den Knoblauch und die Zwiebeln darin andünsten, mit der Suppe aufgießen und alles zum Kochen bringen. Nun das Gemüse und die Nudeln in die Suppe geben und zum Kochen bringen, zwischendurch gut verrühren bis die Nudeln bissfest sind. Mit Pfeffer, Knoblauch, Salz, frischen Kräutern und dem geriebenen Parmesan abschmecken. Zum Schluss nur noch die getrockneten Tomaten schneiden und zusammen mit der Schlagsahne untermischen.

One-Pot-Pasta mit Parmesan und Spinat

Zutaten für 2 Portionen:
100 ml Schlagsahne/250 g Blattspinat (TK)/450 ml Wasser/Salz, Pfeffer/200 g Pasta/1 Schalotte/2 EL Pinienkerne/3 Basilikumblätter/½ Zitrone, unbehandelt/60 g Parmesan, gerieben/1 Knoblauchzehe

Zubereitung:
Die Schalotten und Knoblauchzehen schälen und klein schneiden. Basilikumblätter waschen und klein hacken. Die Pinienkerne in eine Pfanne geben und kurz ohne Öl anrösten. Die Nudeln mit dem gefrorenen Spinat, den Schalotten, Salz, dem Abrieb einer halben Zitrone, Knoblauch und Pfeffer mit 450 ml Wasser und der Schlagsahne in einen Topf geben. Bei geschlossenem Deckel köcheln lassen. Anschließend ohne Deckel ca. 12 Minuten bei mittlerer Hitze kochen lassen. Zwischendurch immer wieder gut verrühren. Anschließend die Nudeln kosten und bei Bedarf etwas Wasser hinzufügen und weiter kochen lassen. Den Parmesan hinzufügen und schmelzen lassen. Basilikum und die Pinienkerne ebenfalls dazugeben und servieren.

One-Pot-Pasta mit Hackfleisch

Zutaten für 3 Portionen:
1 große Zwiebel/500 g Tomatensauce/450 ml Wasser/Sahne oder Milch nach Geschmack/300 g Rinderhackfleisch/250 g Nudeln, z.B. Spirelli

Zubereitung:
Zwiebel schälen und würfeln, zusammen mit dem Hackfleisch in einem großen Topf anbraten. Die Nudeln mit den Tomaten, Wasser und Sahne ebenfalls in den Topf geben, sodass die Nudeln bedeckt sind. Bei geschlossenem Deckel zum Kochen bringen, anschließend bei schwacher Hitze ca. 20 Minuten köcheln lassen. Nach ca. 15 Minuten gut verrühren und die Nudeln probieren. Sobald die Nudeln al dente sind, mit frischen Basilikum und geriebenem Parmesan anrichten.

One-Pot-Pasta mit Spargel

Zutaten für 3 Portionen:
200 ml Sahne/400 ml Brühe, Spargelbrühe oder Gemüsebrühe/1 Schuss Weißwein/2 EL Petersilie, fein gehackt/300 g kurze Nudeln/400 g grüner oder weißer Spargel, geschält/Salz und frisch gemahlener Pfeffer/Parmesan, frisch gerieben

Zubereitung:
Den Spargel schälen und in 2 cm lange Stücke schneiden. Die Nudeln, den Spargel, Sahne, Brühe und 1 EL Petersilie in einen großen Topf geben. Mit Pfeffer und Salz würzen und alles kurz aufkochen lassen. Bei geringer Hitze köcheln lassen und dabei immer wieder umrühren. Es sollte immer etwas Flüssigkeit im Topf sein, nach Bedarf noch etwas Brühe hinzufügen. Vor Ende der Garzeit nach Belieben noch mal abschmecken und mit einem Schuss Weißwein verfeinern. Den Rest der Petersilie vor dem Servieren darüber streuen, Parmesan nach Belieben separat dazu servieren.

One-Pot-Pasta mit Tomaten und Hähnchen

Zutaten für 4 Portionen:

400 g Penne oder andere kurze Nudeln/3 EL Olivenöl/300 ml Sahne/2 Knoblauchzehen/100 g Tomaten, getrocknet in Öl/500 g Hähnchenbrustfilet (Innenfilets)/1½ EL Hühnerbrühe, instant/125 g Mozzarella/1 Handvoll Parmesan, gehobelt/etwas Petersilie oder Basilikum/Salz/Chilipulver/Oregano

Zubereitung:

Die getrockneten Tomaten und das Hähnchenfleisch in kleine Stücke schneiden. Den Knoblauch schälen und klein schneiden, in einem großen Topf das Fleisch mit etwas Öl anbraten. Die Tomaten und den Knoblauch kurz mit anbraten. Mit Chili, Salz und Oregano abschmecken. Mit einem Liter Wasser und der Sahne aufgießen, die Brühe unterrühren und aufkochen lassen. Anschließend die Nudeln hinzugeben und bei mittlerer Hitze ca. 15 Minuten köcheln lassen. Zwischendurch immer wieder umrühren, bis die Nudeln gar sind. Die Petersilie waschen und klein hacken, die Mozzarella in Würfel schneiden. Kurz vor Ende der Garzeit die Petersilie und den Käse hinzufügen und warten, bis der Käse geschmolzen ist. Zum Schluss noch mal mit Salz abschmecken. Mit dem Parmesan bestreuen und servieren.

One-Pot-Pasta-Frikassee

Zutaten für 4 Portionen:
1 TL Sonnenblumenöl/500 ml Gemüsebouillon/200 ml Cremefine oder Schlagsahne/300 g Bandnudeln, trocken/100 g Erbsen, TK/300 g Möhren/1 Glas Spargel, weiß, 200 g/2 kleine Lauchzwiebeln/400 g Hähnchenfilet/n. B. Zitronensaft/etwas Worcestersauce, einige Spritzer/Salz, Pfeffer

Zubereitung:
Die Möhren schälen und in dünne Scheiben schneiden. Den Spargel in kleine Stücke schneiden, die Lauchzwiebeln waschen und in kleine Ringe schneiden. Das Hähnchenfleisch in Stücke schneiden, mit Pfeffer und Salz würzen. In einem großen Topf etwas Öl erhitzen und das Fleisch darin anbraten. Spargel, Lauchzwiebeln und Möhren hinzufügen, ca. 2 Minuten mit andünsten, anschließend mit Pfeffer und Salz würzen. Die Sahne oder Crème fraîche und die Bouillon zugießen und aufkochen lassen. Die Erbsen und Nudeln hinzufügen und alles bei mittlerer Hitze offen ca. 10 bis 15 Minuten köcheln lassen, bis die Nudeln al dente sind und die Sauce eine sämige Konsistenz hat. Zwischendurch immer wieder gut umrühren. Die Pasta mit Pfeffer, Salz, Worcestersoße und Zitronensaft abschmecken.

One-Pot-Pasta mit Frischkäse-Hackfleisch

Zutaten für 2 Portionen:
300 g Cocktailtomaten/300 ml Gemüsebrühe/2 EL Kräuterfrischkäse/2 Knoblauchzehen/1 Zwiebel/300 g Hackfleisch, gemischt/350 g Nudeln/3 Blätter Basilikum/Salz, Pfeffer/Paprikapulver, edelsüß/Paprikapulver, rosenscharf/Muskat/Öl zum Braten

Zubereitung:
Zwiebeln und Knoblauch schälen und fein hacken. Die Cocktailtomaten klein schneiden, alles zusammen in einem großen Topf mit etwas Öl anbraten. Anschließend das Hackfleisch hinzufügen, mit Pfeffer, Salz und dem Paprikapulver würzen. Sobald das Hackfleisch braun angebraten ist eine Prise von dem rosenscharfen Paprikapulver und Muskat hinzufügen. Nun die Gemüsebrühe und Nudeln in den Topf geben und alles gut vermischen. Alles bei mittlerer Hitze köcheln lassen. Kurz bevor die Nudeln gar sind, den Frischkäse und ein wenig Basilikum hinzufügen und gut verrühren. Sollte die Flüssigkeit zu wenig werden, etwas Gemüsebrühe nachgießen. Sobald die Sauce eine schöne cremige Konsistenz hat und die Nudeln gar sind, kann die Pasta serviert werden.

One-Pot-Pasta Napoli

Zutaten für 2 Portionen:
½ Zwiebel/3 EL Tomatenmark/1 EL Balsamico/250 g Nudeln/1 Dose Tomaten, gehackt (Doseninhalt 400 g)/1 EL Olivenöl/Salz und Pfeffer/Italienische Kräuter/frischer Basilikum

Zubereitung:
Die Zwiebeln schälen, fein würfeln und mit dem Tomatenmark, Basilikum, Öl und den gehackten Tomaten in einem großen Topf geben. Anschließend die leere Tomatendose mit anderthalb Mal mit Wasser befüllen und in den Topf geben. Mit Pfeffer, Salz, den Kräutern und Basilikum würzen und gut vermischen. Anschließend die Nudeln in den Topf geben und ca. 10 bis 20 Minuten so lange köcheln lassen, bis die Sauce eingedickt ist und die Nudeln gar sind.

One-Pot-Pasta Alfredo

Zutaten für 3 Portionen:
1 Pack. Bacon/Etwas Fett zum Braten/150 g Blattspinat/1 Liter Milch/1 Pack. Sahne/500 g Penne/400 g Hähnchengeschnetzeltes/4 Knoblauchzehen/Salz, Pfeffer/100 g Parmesan

Zubereitung:
Das Hähnchengeschnetzeltes und den Bacon klein schneiden. Den Bacon in einem großen Topf mit etwas Öl knusprig anbraten. Anschließend den Bacon aus dem Topf nehmen. Jetzt das Hähnchen in demselben Topf anbraten, auch das Hähnchen wieder aus dem Topf nehmen. Den Bacon mit dem Blattspinat, den vier gepressten Knoblauchzehen und Salz und Pfeffer zusammen in den Topf geben, warten bis der Blattspinat zusammengefallen ist. Nun das Fleisch zusammen mit der Sahne, Milch und den Nudeln in den Topf geben, alles gut umrühren. So lange kochen, bis die Nudeln bissfest sind. Servieren!

One-Pot-Pasta mit Erdnuss-Sauce

Zutaten für 2 Portionen:

1 Zwiebel/1 Knoblauchzehe/1 Liter Gemüsebrühe/1 gehäufter EL Erdnussmus/1 EL Sojasauce/250 g kurze Nudeln/2 Karotten/1 Paprikaschote/½ Zitrone/1 EL brauner Zucker/Salz und Pfeffer/Currypulver/Cayennepfeffer/1 EL Kokosöl

Zubereitung:

Die Paprika waschen und in Würfel schneiden, die Karotten schälen und in Scheiben schneiden. Zwiebeln schälen und in halbe Ringe schneiden, den Knoblauch schälen und pressen. Das Kokosöl in einer Pfanne heiß werden lassen und das Gemüse kurz darin andünsten. Nun die Nudeln hinzufügen und mit der Gemüsebrühe aufgießen. Alles würzen und ca. 15 bis 20 Minuten köcheln lassen, bis die Nudeln die gewünschte Bissfestigkeit haben.

One-Pot-Pasta mit Käse-Spinat-Sauce

Zutaten für 2 Portionen:

250 ml Gemüse- oder Hühnerbrühe/50 g Frischkäse/200 g Cocktailtomaten/250 g Blattspinat, frisch/2 TL Olivenöl/2 TL Butter/n. B. Parmesan/250 g Nudeln, z.B. Penne oder Fusilli/2 Knoblauchzehen/250 ml Milch/Salz und Pfeffer/Paprikapulver, edelsüß/Muskat/evtl. frischer Basilikum zum Garnieren

Zubereitung:

Den Knoblauch fein hacken die Cocktailtomaten waschen und halbieren. Olivenöl in einem Topf erhitzen, den Knoblauch dazugeben und ca. 1 Minute andünsten. Anschließend die Gemüsebrühe, Milch und Nudeln in den Topf geben und ca. 12 bis 15 Minuten bei geschlossenem Deckel bei niedriger Hitze köcheln lassen. Zwischendurch immer wieder umrühren. Nun den Deckel entfernen und den Frischkäse und die Butter einrühren, bis beides geschmolzen ist. Zum Schluss die Tomaten und den Spinat dazugeben und alles noch ein wenig köcheln lassen. Nach Belieben Parmesan unterrühren und nach Geschmack würzen.

One-Pot-Spätzle

Zutaten für 4 Portionen:
1 EL Pflanzenöl/1 TL Tomatenmark/1 EL Sambal Oelek/100 ml Sahne/250 ml Geflügelbrühe/500 g Hähnchenbrustfilet/1 Stange Lauch/2 Möhren/1 Pack. Spätzle (400 g)/3 EL Gouda, gerieben/Salz und Pfeffer/1 EL Petersilie, gehackt

Zubereitung:
Das Hähnchen in Würfel schneiden. Den Lauch waschen und in Ringe schneiden, die Möhren schälen, und in kleine Würfel schneiden. Etwas Öl in einem Topf erhitzen und das Hähnchenfleisch ca. 2 Minuten anbraten. Möhren und Lauch dazugeben und weitere 2 Minuten mitbraten. Sambal Oelek und Tomatenmark zugeben und kurz mit anbraten, anschließend mit Sahne und Brühe ablöschen. Spätzle hinzufügen und ca. 5 Minuten köcheln lassen. Die fertige Pasta mit Käse verfeinern, mit Pfeffer und Salz würzen, mit Petersilie bestreuen und servieren.

One-Pot-Pasta mit schwedischen Fleischbällen

Zutaten für 3 Portionen:
1 EL Semmelbrösel/500 ml Milch/500 ml Rinderbrühe/500 g Bandnudeln oder Eiernudeln/500 g Rinderhackfleisch/1 Ei/Salz und Pfeffer/n. B. Petersilie/n. B. Parmesan, frisch gerieben

Zubereitung:
Das Hackfleisch mit dem Ei, Semmelbrösel, Pfeffer und Salz in eine Schüssel geben und alles gut durchkneten. Daraus kleine Bällchen formen. In einem großen Topf etwas Öl erhitzen und die Fleischbällchen darin anbraten, bis sie schön braun sind. Anschließend mit der Milch und Rinderbrühe ablöschen und aufkochen lassen. Mit Pfeffer und Salz abschmecken. Anschließend die Nudeln hinzufügen und so lange köcheln lassen, bis die Flüssigkeit gut aufgesogen ist. Nun den Parmesan unterrühren, bis er geschmolzen ist. Zum Schluss etwas frisch gehackte Petersilie drüberstreuen.

One-Pot mit Parmesan

Zutaten für 2 Portionen:

400 g Tomaten, Stücke/30 g Parmesan/1 EL Sahne/250 ml Gemüsebrühe/1 Paprikaschote
250 g Penne/250 g Hähnchenbrustfilet/Öl/1 TL Knoblauchgranulat/Pfeffer und Salz/1 EL
Basilikum, frisch, etwas zerpflückt

Zubereitung:

Das Hähnchenfleisch in Würfel schneiden, die Paprika waschen und ebenfalls in Würfel
schneiden. Das Hähnchen in einem Topf mit etwas Öl anbraten, die Paprika dazugeben
und mitbraten. Gemüsebrühe mit Knoblauchgranulat und Salz verrühren und die Nudeln
und Tomaten in den Topf geben. Zum Kochen bringen und so lange köcheln lassen, bis
die Nudeln gar sind, so ca. 15 bis 20 Minuten. Anschließend die Sahne dazugeben und
noch mal ca. 2 Minuten mitköcheln lassen. Den geriebenen Parmesan und Pfeffer unterrühren. Zum Schluss das Basilikum unterheben und servieren.

One-Pot Brokkoli mit Schweinefilet

Zutaten für 2 Portionen:

1 Zwiebel/1 Knoblauchzehe/200 g Schweinefilet/400 g Brokkoli/4 Frühlingszwiebeln/1
EL Öl/Salz/200 g Nudeln (Bavette)/50 ml Reiswein oder trockener Sherry/50 ml So-
jasauce/1 TL Sesamöl/550 ml kaltes Wasser/1 EL Sesam

Zubereitung:

Die Frühlingszwiebeln waschen und in feine Ringe schneiden. Den Brokkoli waschen und
in Röschen teilen. Die Zwiebel und den Knoblauch schälen und in Scheiben schneiden.
Das Schweinefilet ebenfalls in dünne Scheiben schneiden. Öl in einem mittelgroßen Topf
erhitzen. Das Schweinefilet darin bei starker Hitze von jeder Seite ca. eine halbe Minute
scharf anbraten, salzen und aus dem Topf nehmen. Den Topf vom Herd nehmen. Brokkoli, Frühlingszwiebeln, Nudeln, Zwiebeln und Knoblauch hinzufügen. Sojasauce, Reiswein, Sesamöl, Wasser und eine Prise Salz hinzufügen. Nun bei geschlossenem Deckel
bei starker Hitze zum Kochen bringen. Anschließend offen bei mittlerer Hitze ca. 10 bis
12 Minuten kochen lassen. Dabei immer wieder umrühren, je mehr Flüssigkeit verkocht,
desto öfter verrühren. Den Nudel-Test machen, sind sie noch nicht durch, 3 bis 5 EL Wasser hinzufügen und kurz weiterköcheln lassen. Zum Schluss das Schweinefilet unterheben
und kurz weiter köcheln lassen. Anschließend die Pasta mit Sesamsamen bestreuen.

One-Pot-Pasta mit Steinpilz-Sahnesauce

Zutaten für 4 Portionen:
250 ml Sahne/3 EL Olivenöl/1 Zwiebel/1 Knoblauchzehe/250 g Champignons/n. B. Steinpilze, getrocknet/500 g Farfalle/1 Liter kräftige Hühnerbrühe/warmes Wasser zum Einweichen/1 TL Thymian, getrocknet/etwas Salz und Pfeffer/etwas glatte Petersilie

Zubereitung:
Zunächst die Steinpilze in warmem Wasser einweichen. Die Champignons putzen und in mundgerechte Stücke schneiden. Knoblauch, Zwiebeln schälen und klein schneiden, die Petersilie ebenfalls schneiden. Etwas Olivenöl in einem großen Topf heiß werden lassen. Die Zwiebel im Topf glasig werden lassen. Die Steinpilze aus dem Wasser nehmen und in den Topf geben. Knoblauch, Champignons und Thymian hinzufügen und mit der Zwiebel gut vermengen. Die Sahne und Hühnerbrühe hinzufügen, umrühren und alles einmal aufkochen lassen. Nun die Farfalle hineingeben und ca. 10 bis 15 Minuten köcheln lassen. Zwischendurch öfter umrühren. Wenn die Pasta al dente ist, alles mit Pfeffer und Salz abschmecken, die Petersilie zugeben und gut verrühren. Zum Servieren etwas Petersilie über die Nudeln geben.

One-Pot-Pasta, klassisch

Zutaten für 4 Portionen:
2 Zwiebeln/2 Knoblauchzehen/4 Stiele Basilikum/400 g Spaghetti/400 g Kirschtomaten/½ TL Chiliflocken/2 EL Olivenöl/Parmesan

Zubereitung:
Zunächst die Tomaten waschen und in Stücke schneiden. Anschließend die Zwiebeln und Knoblauch schälen und in dünne Scheiben schneiden, Basilikum ebenfalls waschen. Nudeln, Tomaten, Knoblauch, Zwiebeln und Basilikum in 1 Liter Wasser geben und zum Kochen bringen. Das Öl und die Chiliflocken dazugeben und ca. 10 Minuten köcheln lassen. Sobald die Nudeln gar sind, die Basilikumstiele entnehmen und die Blätter fein hacken und unterheben. Mit etwas Parmesan servieren.

One-Pot-Pasta Dolce Vita

Zutaten für 4 Portionen:
500 g Spaghetti/600 ml Ketchup/1 Stange Lauch/500 g Hackfleisch, gemischt
600 ml Wasser/n. B. heißes Wasser

Zubereitung:
Lauch waschen und in Ringe schneiden. In einem Topf das Hackfleisch mit etwas Öl
scharf anbraten, mit Salz und Pfeffer würzen. Den Lauch hinzufügen. Die Spaghetti in
den Topf geben und mit heißem Wasser aufgießen, bis die Spaghetti leicht bedeckt sind.
Anschließend so lange köcheln lassen, bis das Wasser verdampft ist. Den Ketchup zugeben, gut verrühren und genießen.

One-Pot-BBQ mit Hühnchen

Zutaten für 3 Portionen:
1 Zwiebel/500 ml Gemüsebrühe/280 ml Barbecue-Sauce/400 g Tomaten, Stücke/350 g
Nudeln/350 g Hähnchenbrustfilet/2 Paprika/1 TL Knoblauchgranulat/2 EL Parmesan, gerieben

Zubereitung:
Die Paprika, das Hähnchenfleisch und die Zwiebel in Würfel schneiden. Anschließend die
Hähnchen- und Zwiebelwürfel anbraten. Die Paprika zufügen und ein wenig mitbraten
lassen. Nun die Gemüsebrühe mit dem Knoblauchgranulat vermischen und zusammen mit
den Nudeln, Tomaten und der BBQ-Sauce in einen Kochtopf geben. Alles zum Kochen
bringen und so lange köcheln lassen, bis die Nudeln gar sind. Abschließend die Sauce mit
Salz und Pfeffer würzen und mit dem Parmesan bestreuen.

One-Pot-Pasta Bolognese

Zutaten für 4 Portionen:

550 ml Rinderbouillon, instant/300 g Rinderhackfleisch/2 Möhren/3 Stangen Staudensellerie/1 kleine Zwiebel/500 g Spaghetti (z. B. Dinkelspaghetti)/800 g Tomaten, Stücke/2 TL Salz/60 g Parmesan/2 TL Italienische Kräuter, getrocknet/2 Knoblauchzehen

Zubereitung:

Die Möhren schälen und waschen. Den Staudensellerie von den Fasern befreien und waschen. Die Zwiebel und die Knoblauchzehen schälen und alles sehr fein hacken.
Das Hackfleisch in einem großen Topf krümelig braten, jetzt das Gemüse hinzufügen und kurz andünsten. Anschließend alle anderen Zutaten hinzufügen. Die Spaghetti einmal in der Mitte durchbrechen.
Bei geringer Hitze 15 bis 20 Minuten kochen. Immer wieder gut umrühren.
Mit Parmesan und Basilikum garnieren.

One-Pot mit Champignons

Zutaten für 2 Portionen:

1 TL Gemüsebrühe/1 EL Tomatenmark/450 ml Wasser/100 ml Sahne/180 g Spaghetti/40 g Parmesan/Rosmarin/Thymian/1 EL Schmand/250 g Champignons/2 EL Olivenöl/1 Zwiebel/1 Knoblauchzehe/Salz und Pfeffer/Paprikapulver, edelsüß

Zubereitung:

Champignons putzen und in Stücke schneiden, etwas Olivenöl in einem Topf erhitzen und darin anbraten. Zwiebeln schälen und würfeln und mit in den Topf geben. Nach Geschmack eine Knoblauchzehe schälen und ebenfalls würfeln und dazugeben. Mit Pfeffer, Salz und Paprika würzen. Tomatenmark zugeben, anschwitzen und mit Sahne und Wasser ablöschen. Den Parmesan reiben und zur Soße geben. Die Spaghetti in den Topf geben und die Gemüsebrühe sowie Rosmarin und Thymian dazugeben. Bei geschlossenem Deckel alles bei mittlerer Hitze ca. 15 bis 20 Minuten köcheln lassen. Zwischendurch immer wieder gut umrühren. Sobald die Nudeln gar sind, sollte die Sauce schön cremig sein. Nach Belieben noch mal nachwürzen. Zum Schluss den Schmand unterheben und servieren.

One-Pot-Garnelen-Pasta

Zutaten für 2 Portionen:

350 ml Wasser/100 g Spinat, TK/10 Cherry-Tomaten/2 Knoblauchzehen/1 m.-große Zwiebel/2 EL Tomatenmark/100 g Parmesan oder anderer Käse, z. B. Mozzarella, Emmentaler/200 g Garnelen oder Meeresfrüchte/200 g Farfalle/200 ml Sahne/etwas Olivenöl/etwas Salz und Pfeffer/evtl. Chiliflocken, Chilischote oder Chilisauce

Zubereitung:

Die Zwiebel und Knoblauch schälen die Chilischote entkernen und fein hacken. Die Tomaten waschen, halbieren, den Käse reiben. In einem großen Topf etwas Olivenöl heiß werden lassen und den Knoblauch und die Zwiebel glasig andünsten. Das Tomatenmark dazugeben und kurz mit anschwitzen. Mit Wasser und der Sahne ablöschen und einen TL Salz zugeben. Alles aufkochen lassen. Anschließend die Nudeln in den Topf geben und ca. 10 bis 12 Minuten köcheln lassen. Nach der Hälfte der Kochzeit die Garnelen hinzufügen. Sobald die Nudeln gar sind, den Spinat ebenfalls hinzufügen. Diesen erwärmen und mit Pfeffer, Salz und Chili würzen. Sobald der Spinat aufgetaut ist, die Tomaten und 2/3 des Käses dazugeben. Zum Schluss mit dem restlichen Käse bestreut servieren.

One-Pot-Makkaroni, cremig

Zutaten für 4 Portionen:

1 Paprikaschote/200 ml Sahne/150 ml Crème légère/400 ml Wasser/2 TL Gemüsebrühe/2 TL Pastinake/4 Mangold/500 g Makkaroni/1 Zwiebel/2 Möhre/300 g Mais/150 g Käse, gerieben/Muskat/Salz und Pfeffer

Zubereitung:

Paprika waschen und in Würfel schneiden. Die Zwiebel schälen und ebenfalls würfeln. Pastinake schälen und in Stücke schneiden. Mangold waschen und den Strunk entfernen. Anschließend alle Zutaten, nur den Käse noch nicht, in einen Topf geben und aufkochen lassen. Bei mittlerer Hitze 10 bis 15 Minuten köcheln lassen, bis die Nudeln gar sind. Anschließend den Käse hinzufügen und so lange gut verrühren, bis der Käse geschmolzen ist.

One-Pot-Pasta mit Tomaten-Sahne-Sauce

Zutaten für 4 Portionen:

1 Dose Erbsen, 250 g/1 Glas Champignons in Scheiben, 200 g/200 g Kochschinken/1 Zwiebel/1 Knoblauchzehe/2 EL Tomatenmark/400 ml Milch/250 ml Sahne/350 g Nudeln, z. B. Penne/1 Dose Tomaten, Stücke, 400 g/1 EL Olivenöl/Salz und Pfeffer

Zubereitung:

Olivenöl in einem großen Topf heiß werden lassen. Zwiebel und Knoblauch schälen und würfeln, anschließend darin glasig andünsten. Tomatenmark hinzufügen und kurz mitbraten. Sahne, Milch und die Tomaten dazugeben und aufkochen lassen. Mit Pfeffer und Salz abschmecken. Jetzt die Nudeln dazugeben und ca. 10 bis 12 Minuten zugedeckt bei mittlerer Hitze kochen lassen. Regelmäßig umrühren, damit nichts anbrennt. Nach etwa der Hälfte der Kochzeit die Erbsen und Champignons abgießen, den Schinken in Würfel schneiden, in den Topf geben und weiter köcheln lassen, bis die Nudeln gar sind.

One-Pot-Lachs-Sahne-Pasta

Zutaten für 1 Portion:

1 Lachsfilet/1 Pack. Sahne/200 g Nudeln/Salz und Pfeffer/Dill

Zubereitung:

Als erstes die Nudeln kochen. Sobald die Nudeln gar sind, abgießen und die Sahne darüber gießen. Noch mal kurz aufkochen lassen. Nach Belieben den Dill dazugeben und umrühren. Mit Salz und Pfeffer nach Geschmack würzen. Zum Schluss noch den Lachs in Stücke schneiden und ebenfalls hinzufügen. Noch mal gut verrühren und ein paar Minuten weiter köcheln lassen. Sobald der Lachs gar ist, servieren.

One-Pot-Pasta mit Gemüse und Pilzen

Zutaten für 4 Portionen:
250 g Erbsen, TK/1 große Zucchini/1 große Zwiebel/1 Knoblauchzehe/Olivenöl/1 Handvoll Kräuter, frisch/200 ml Wasser/250 g Nudeln/250 g braune Champignons/200 ml Sahne/1 Bund Petersilie, gehackt/Parmesan, gerieben/Chili

Zubereitung:
Die Zwiebel und den Knoblauch schälen und klein schneiden. Anschließend in etwas Öl anbraten. Die Zucchini und Pilze klein schneiden und zu den Zwiebeln und dem Knoblauch geben und mitbraten. Dann die Nudeln hinzufügen und mit Wasser aufgießen. Einmal aufkochen lassen und mit Pfeffer und Salz würzen. Bei mittlerer Hitze 10 Minuten köcheln und immer wieder umrühren. Die Erbsen, Sahne und die gehackte Petersilie unterheben. Mit Parmesan und Chili abschmecken.

One-Pot-Pasta Käse-Mais-Makkaroni

Zutaten für 2 Portionen:
1 EL Butter/500 ml Gemüsebrühe/250 ml Milch/250 g kurze Makkaroni/1 Dose Mais/1 kleine Zwiebel/10 Scheiben Chesterkäse oder Scheiblettenkäse

Zubereitung:
Die Zwiebel schälen und fein würfeln. In einem Topf Butter zum Schmelzen bringen und die Zwiebeln darin anschwitzen. Mit Milch und Brühe aufgießen und aufkochen lassen. Die Nudeln und den Mais dazugeben und bei mittlerer Hitze mit Deckel für 10 bis 12 Minuten köcheln lassen, bis die Nudeln gar sind. Immer wieder umrühren. Am Ende den Käse dazugeben und unterrühren.

One-Pot-Pasta mit Bratwürstchen

Zutaten für 4 Portionen:
3 rohe Bratwürste, grob, ca. 125 g/1 Pack. Tomaten, Stücke, 400 g/1 Pack. passierte Tomaten, 400 g/300 g Farfalle/6 Stiele Kräuter, bestehend aus Oregano, Basilikum und Petersilie/2 Zwiebeln/1 Knoblauchzehe/3 EL Olivenöl/50 g Parmesan (Parmigiano Reggiano), am Stück/125 g Mozzarella/Salz und Pfeffer/125 g Ricotta

Zubereitung:
Die Zwiebeln und den Knoblauch schälen und fein hacken. Olivenöl in einem großen Topf erhitzen und das Fleisch der Wurst direkt aus der Haut in das heiße Öl drücken. Ca. 3 bis 5 Minuten braten und zerkleinern. Anschließend Zwiebeln und Knoblauch zugeben und ca. 2 bis 3 Minuten weiter braten. Nun die Tomaten und passierten Tomaten dazugeben und aufkochen lassen. Die Farfalle in die Sauce geben und bei geschlossenem Deckel ca. 15 Minuten köcheln lassen. Die Kräuter waschen, trocken schütteln und fein hacken. Den Parmesan fein reiben, den Mozzarella in Stücke schneiden. Die Kräuter zusammen mit dem Parmesan und dem Mozzarella zur Pasta geben und unterrühren. Mit Salz und Pfeffer abschmecken. Ricotta über der Pasta verteilen und servieren.

One-Pot-Pasta mit Erbsen und Schinken

Zutaten für 4 Portionen:
1 Bund Frühlingszwiebeln/300 g Erbsen, frisch und gepalt oder TK/1,2 Liter Gemüsebrühe/1 Becher Schlagsahne oder Cremefine zum Kochen, 200 ml/1 rote Zwiebel/200 g Kochschinken, in Scheiben/Salz und Pfeffer/Oregano/500 g Orecchiette/100 g Feta

Zubereitung:
Den Kochschinken in Streifen schneiden. Die Zwiebel schälen und in Streifen schneiden. Alle Zutaten, nur den Feta noch nicht, in einen großen Topf geben und aufkochen lassen. Anschließend zugedeckt bei mittlerer Hitze etwa 15 Minuten köcheln lassen. Zwischendurch umrühren. Die Nudeln abschmecken, eventuell nachwürzen und mit dem Feta bestreuen.

One-Pot-Pasta mit Kürbis und Gorgonzola

Zutaten für 4 Portionen:
750 ml Gemüsebrühe/400 g Spaghetti/100 g Gorgonzola/1 Hokkaidokürbis (ca. 700 g)/2 Knoblauchzehen/4 EL Olivenöl/100 g Schlagsahne/Salz und Pfeffer/1 Bund Basilikum

Zubereitung:
Knoblauch schälen und fein hacken. Den Kürbis in Würfel schneiden. In einem großen Topf Olivenöl heiß werden lassen und den Knoblauch darin anbraten. Anschließend die Kürbiswürfel hinzufügen und etwa 1 bis 2 Minuten mitdünsten. Nun die Gemüsebrühe aufgießen und aufkochen lassen. Die Spaghetti einmal durchbrechen und ebenfalls hinzufügen. Das Ganze bei geschlossenem Deckel etwa 8 Minuten kochen. Den Gorgonzola zerbröckeln und mit der Sahne in den Topf geben und verrühren. Etwa weitere 2 Minuten köcheln lassen. Mit Salz und Pfeffer abschmecken. Basilikum waschen, grob hacken und zu der Pasta geben.

One-Pot-Pasta mit Kohlrabi und Lachs

Zutaten für 4 Portionen:
250 g Lachsfilet/250 g Penne/500 ml Brühe, gekörnt/200 g Sahne/2 Kohlrabi/1 Zwiebel/Salz und Pfeffer/Dill, fein gehackt/Öl

Zubereitung:
Den Kohlrabi schälen und in Stifte schneiden. Die Zwiebel schälen und fein hacken. Den Lachs in Würfel schneiden, pfeffern und salzen. In einem mittelgroßen Topf Öl erhitzen und die Zwiebel darin andünsten, den Kohlrabi zufügen und ca. 3 Minuten mitdünsten. Sahne und Brühe vermischen, hinzufügen und aufkochen lassen. Nun die Penne dazugeben und bei mittlerer Hitze ca. 15 Minuten köcheln lassen, regelmäßig umrühren. Kurz bevor die Nudeln gar sind, den Lachs in den Topf geben und gar ziehen lassen. Mit Salz, Pfeffer und Dill abschmecken.

One-Pot-Tortellini alla Panna

Zutaten für 4 Portionen:
250 g Schlagsahne/400 ml Hühnerbrühe/2 EL Currypulver/200 g Erbsen, TK/500 g Tortellini mit Fleisch- oder Käsefüllung aus dem Kühlregal/500 g Hähnchenbrustfilet/2 EL Olivenöl/Salz, Pfeffer/etwas Paprikapulver, edelsüß/50 g Parmesan, frisch gerieben/5 bis 6 Stiele frischer Basilikum

Zubereitung:
Das Hähnchenbrustfilet abspülen, abtupfen und in Würfel schneiden. In einem großen Topf das Olivenöl erhitzen und das Hähnchen kurz anbraten, mit 2 EL Currypulver würzen und kurz anschwitzen. Mit Sahne und Hühnerbrühe ablöschen und aufkochen lassen. Die Erbsen und Tortellini hinzufügen und bei geringer Hitze ca. 5 Minuten köcheln lassen. Das Basilikum waschen, fein hacken, in den Topf geben und verrühren. Mit Salz, Pfeffer und etwas Paprikapulver abschmecken. Mit Parmesan bestreuen und mit Basilikumblättern garnieren.

One-Pot-Maultaschen

Zutaten für 4 Portionen:
12 Maultaschen, gerollt, Fertigprodukt/6 große Zwiebeln/n. B. Butter/Salz/Zucker

Zubereitung:
Die Maultaschen NICHT vorkochen. Die Zwiebeln schälen und würfeln. In einem großen Topf ein Stück Butter schmelzen lassen und die Zwiebeln darin andünsten. Die Maultaschen in fingerdicke Streifen schneiden. Die Zwiebeln salzen und ein wenig zuckern. Sobald die Zwiebeln braun werden, die Maultaschen dazugeben und ein paar Minuten mitbraten bis sie warm sind. Zum Schluss noch einmal abschmecken und Butter auf die Maultaschen geben und zergehen lassen.

One-Pot-Pasta in Parmesansauce

Zutaten für 4 Portionen:
500 ml Gemüsebrühe/750 ml Milch/500 g Fettuccine/1 Bund Basilikum/1 Knoblauchzehe/2 EL Olivenöl/100 g Parmesan (Parmigiano Reggiano)/evtl. Wasser/Salz und Pfeffer/Muskatnuss, frisch gerieben

Zubereitung:
Die Knoblauchzehe schälen und fein hacken. In einem großen Topf Olivenöl heiß werden lassen und den Knoblauch kurz andünsten. Anschließend Milch, Gemüsebrühe und Fettuccine dazugeben und mit Salz und Muskatnuss würzen. Alles aufkochen lassen und unter ständigem Umrühren ca. 15 Minuten köcheln lassen, bis die Fettuccine gar sind. Das Basilikum waschen und fein hacken. Den Parmesan reiben. Sollte die Sauce zu sehr verkocht sein, einfach etwas Wasser zugeben. Den Parmesan und das Basilikum dazugeben, etwas aufheben zum Garnieren. Mit Salz und Pfeffer abschmecken. Mit dem restlichen Parmesan und Basilikum garnieren.

One-Pot-Pasta mit Hähnchen und Wurst

Zutaten für 4 Portionen:
200 g Hähnchenfilet/50 g ganze Mandeln, ohne Haut/350 g Gabelspaghetti/250 g frische Erbsen, gepalt/200 g Chorizo/1 Zwiebel/3 EL Olivenöl/Salz und Pfeffer/1,2 Liter Gemüsebrühe/4 Stiele Blattpetersilie

Zubereitung:
Die Chorizo pellen und in Scheiben schneiden. Die Hähnchenfilets abspülen, abtupfen und in Stücke schneiden. Die Zwiebel schälen und würfeln. In einem großen Topf 2 bis 3 EL Olivenöl erhitzen, das Hähnchen darin anbraten, mit Salz und Pfeffer würzen und anschließend herausnehmen. Die Zwiebelwürfel, Chorizoscheiben und Mandeln kurz in Öl anbraten. Die Spaghetti und Erbsen zugeben und mit Gemüsebrühe aufgießen, aufkochen lassen und zugedeckt bei mittlerer Hitze ca. 10 Minuten köcheln lassen, bis die Spagetti gar sind. Zwischendurch immer wieder umrühren und mit Salz, Pfeffer abschmecken. Die Petersilie abwaschen und die Blätter fein hacken, anschließend über die fertige Pasta streuen.

One-Pot-Tortellini mit Wurst

Zutaten für 3 Portionen
300 g Tortellini/3 Tomaten/1 Zwiebel/2 EL Tomatenmark/5 Pfefferoni/1 EL Olivenöl/Oregano/3 EL Parmesan/900 ml Wasser/Zucker/Salz/1 Hartwurst

Zubereitung:
Die Zwiebel schälen und würfeln. Die Hartwurst pellen, in feine Würfeln schneiden und in einem Topf mit Olivenöl anbraten. Die Pfefferoni und Tomaten waschen und in Würfel schneiden und dazugeben und kurz scharf anbraten. Tomatenmark dazugeben und mit Wasser aufgießen, anschließend die Tortellini hinzufügen. Mit Zucker, Oregano und Salz abschmecken. Alles ca. 10 Minuten köcheln lassen, bis die Tortellini gar sind. Den Parmesan unterrühren und servieren.

One-Pot-Pasta mit Rucola

Zutaten für 2 Portionen:
600 ml Gemüsebrühe/300 g Tomaten/1 Zwiebel/2 Knoblauchzehen/200 g Nudeln/1 EL Basilikum, getrocknet/2 EL Olivenöl/50 g Rucola/1 Pack. Mozzarella (Minikugeln)/Salz/Pfeffer/Chiliflocken

Zubereitung:
Zunächst die Zwiebel und den Knoblauch schälen und fein hacken. Die Tomaten waschen und in Würfel schneiden. Die Gemüsebrühe in einen Topf gießen und alle Zutaten außer dem Rucola und Mozzarella in den Topf geben. Nach Belieben mit den Gewürzen abschmecken und aufkochen lassen. Ca. 20 Minuten köcheln lassen. Den Rucola waschen. Die Nudeln auf einem Teller anrichten und mit Rucola und Mozzarella garnieren.

One-Pot-Pasta mit Zucchini-Schinken-Sauce

Zutaten für 2 Portionen:
100 ml Schlagsahne/4 EL Parmesan/50 g Schinken/1 Zucchini/Oregano/Olivenöl/1 Zwiebel/300 g Farfalle/800 ml Wasser/Salz und Pfeffer/1 Knoblauchzehe/1 Schuss Weißwein

Zubereitung:
Die Zwiebel schälen und fein hacken. Den Knoblauch fein hacken und in einem Topf mit Olivenöl anbraten. Zucchini waschen und würfeln, den Schinken würfeln und mit dem Oregano ebenfalls in den Topf geben. Mit Weißwein ablöschen und mit Wasser aufgießen. Schlagsahne, Nudeln hinzufügen. Mit Salz und Pfeffer abschmecken. So lange köcheln lassen, bis die Nudeln gar sind. Regelmäßig umrühren. Vor dem Servieren den Parmesan unterrühren.

One-Pot-Pasta mit Speck

Zutaten für 2 Portionen:
1 Dose Tomaten, gewürfelt/350 ml Gemüsebrühe/1 Schuss Schlagsahne/200 g Speckwürfel/500 g Nudeln/1 Lauch Stange/Salz und Pfeffer

Zubereitung:
Zunächst den Lauch waschen und in Ringe schneiden. Anschließend mit den restlichen Zutaten in einen großen Topf geben und mit Salz und Pfeffer abschmecken. Zum Kochen bringen, dann bei mittlerer Hitze ca. 20 Minuten köcheln lassen. Immer wieder mal umrühren.

One-Pot-Pasta alla Shrimps

Zutaten für 4 Portionen:
500 g kleine Tomaten/5 Knoblauchzehen/1 Zwiebel/2 EL Basilikum, getrocknet/1 Pack. Shrimps/500 g Spaghetti/3 EL Olivenöl/½ L Gemüsebrühe/Chili

Zubereitung:
Die Zwiebel schälen und würfeln. Die Tomaten waschen und halbieren. Die Knoblauchzehen schälen und in dünne Scheiben schneiden. Die Nudeln mit Tomaten, Knoblauch, Zwiebel, Shrimps, Basilikum und dem Olivenöl in einen Topf geben. Brühe hinzugießen und mit Chili würzen. Bei mittlerer Hitze ca. 15 Minuten köcheln lassen, bis die Nudeln al dente sind und die Flüssigkeit verdampft ist.

One-Pot-Pasta mit Schinken und Brokkoli

Zutaten für 3 Portionen:
100 g Schinken/5 Karotten/10 Brokkoliröschen/100 ml Tomatensugo/3 EL Parmesan
300 g Penne/1 Zwiebel/50 g getrocknete Tomaten/1 Schuss Öl der getrockneten Tomaten
2 Knoblauchzehen/900 ml Gemüsebrühe/Salz/1 Schuss Tabasco

Zubereitung:
Zwiebel schälen und würfeln. Knoblauch schälen und fein hacken. Karotten schälen und würfeln. Den Schinken ebenfalls würfeln. Das Tomatenöl in einem Topf geben und erhitzen. Die Karotten, Zwiebeln und Schinken dazugeben und scharf anbraten. Getrocknete Tomaten und den Knoblauch unterrühren. Gemüsebrühe, Penne, Tomatensugo hinzufügen und 5 Minuten köcheln lassen. Mit Salz und Tabasco abschmecken. Nun die Brokkoliröschen dazugeben und den Parmesan unterrühren. So lange köcheln lassen, bis die Penne gar ist. Regelmäßig umrühren. Bei Bedarf noch etwas Flüssigkeit dazugeben.

One-Pot-Pasta mit Salami

Zutaten für 4 Portionen:
2 EL Olivenöl/500 g Nudeln/1 L Gemüsebrühe/1 Becher Schlagsahne/80 g Mozzarella
1 Zwiebel/120 g Salami/70 g Erbsen, TK/2 EL Basilikum, getrocknet/Salz und Pfeffer

Zubereitung:
Die Zwiebel schälen und klein würfeln. Die Salami in Streifen schneiden. Den Mozzarella
fein reiben. In einem großen Topf etwas Olivenöl erhitzen, die Zwiebel und Salami ein
paar Minuten anbraten. Gemüsebrühe, Nudeln und Schlagsahne hinzufügen und 12 bis 15
Minuten köcheln lassen, bis die Nudeln al dente sind. Den geriebenen Mozzarella und die
Erbsen ebenfalls hinzufügen und verrühren. Mit Salz, Pfeffer und Basilikum abschmecken.

One-Pot-Pasta Kokos

Zutaten für 2 Portionen:
2 rote Paprika/2 Karotten/1 Bund Frühlingszwiebeln/250 g Nudeln/1 EL Curry/Salz
400 ml Kokosmilch/350 ml Suppe

Zubereitung:
Die Frühlingszwiebeln waschen und in feine Ringe schneiden. Die Paprika waschen und
in Würfel schneiden. Karotten schälen und in Stücke schneiden. Anschließend das Gemüse und alle anderen Zutaten in einen großen Topf geben und aufkochen lassen. Bei geschlossenem Deckel auf mittlerer Hitze 15 Minuten köcheln lassen. Zwischendurch immer wieder umrühren. Zum Schluss noch mal abschmecken.

One-Pot-Pasta, vegetarisch scharf

Zutaten für 4 Portionen:
5 Knoblauchzehen/3 EL Basilikum, getrocknet/4 EL Tomatenmark/5 EL Olivenöl/1 EL Balsamico Essig/1 Chilischote, scharf/400 g Spaghetti/1 Dose Tomaten, gewürfelt/1 Zwiebel/800 ml Gemüsebrühe/Zucker/Salz und Pfeffer

Zubereitung:
Zwiebel und Knoblauch schälen und fein hacken. Die Chilischote waschen, entkernen und ebenfalls fein hacken. Anschließend alle Zutaten in einen großen Topf geben und aufkochen lassen. Bei mittlerer Hitze ca. 20 Minuten zugedeckt köcheln lassen, bis die Nudeln gar sind. Dabei öfter umrühren und noch mal abschmecken.

One-Pot-Pasta Paprika-Tomate

Zutaten für 2 Portionen:
400 g Tomaten, Stücke/2 EL Parmesan/2 Paprika/250 g Nudeln/Salz/Knoblauchgranulat/Oregano/1 EL Öl/Salz und Pfeffer/50 ml Schlagsahne

Zubereitung:
Zunächst die Paprika waschen und klein schneiden. Das Öl in einem Topf heiß werden lassen und die Paprika darin anbraten, anschließend die Tomaten hinzufügen. Mit Salz, Oregano und Knoblauchgranulat nach Belieben würzen und die Nudeln hinzugeben. Alles gut verrühren und bei mittlerer Hitze 15 bis 20 Minuten köcheln lassen, bis die Nudeln gar sind. Die Schlagsahne unterrühren und 3 bis 4 Minuten fertigkochen lassen. Zum Schluss mit Parmesan bestreuen und servieren.

One-Pot-Pasta, feurig-scharf

Zutaten für 3 Portionen:
150 g getrocknete Tomaten/1 Stange Frühlingszwiebel/3 Knoblauchzehen/1 EL Balsamicoessig/900 ml Wasser/300 g Spaghetti/8 Cocktailtomaten/1 Prise Zucker/Salz/n. B. Oregano/n. B. Chilipaste/2 EL Tomatenmark/2 EL Olivenöl/2 EL mariniertes Öl der getrockneten Tomaten/n. B. Parmesan/1 Zucchini

Zubereitung:
Die Spaghetti in einen Topf geben. Die Frühlingszwiebel waschen und in Ringe schneiden, die Cocktailtomaten waschen und vierteln, Zucchini waschen und würfeln, getrocknete Tomaten in Stücke schneiden, den Knoblauch fein hacken und in den Topf geben. Nun alle Zutaten bis auf den Parmesan in einen Topf geben und gut verrühren. Bei geschlossenem Deckel aufkochen lassen und regelmäßig umrühren. Sobald das Wasser verdampft ist und die Nudeln al dente sind, mit Parmesan bestreuen und servieren.

One-Pot-Chili-Pasta

Zutaten für 4 Portionen:
1 Zwiebel/4 Knoblauchzehen/500 g Tomaten/Basilikum, getrocknet/1 L Gemüsebrühe/500 g Spaghetti/Olivenöl/Salz und Pfeffer/Chiliflocken

Zubereitung:
Zwiebel und Knoblauch schälen und fein hacken. Die Tomaten waschen und in Würfel schneiden. Nun alle Zutaten bis auf die Gewürze in einen großen Topf geben und einmal aufkochen lassen, bei kleiner Hitze ca. 15 Minuten köcheln lassen, bis die Nudeln gar sind. Zum Schluss mit den Gewürzen nach Belieben abschmecken.

One-Pot mit Rinderhack

Zutaten für 4 Portionen:
1 große Zwiebel/1 Becher Sauerrahm/2 EL Petersilie/1 Suppenwürfel/2 EL Senf/500 g Rinderhack/500 g Nudeln/Salz und Pfeffer/Paprikapulver/Öl zum Braten

Zubereitung:
Das Fleisch in einem mittelgroßen Topf mit etwas Öl scharf anbraten. Die Zwiebel schälen, würfeln und mit anbraten. Mit Salz, Pfeffer, Suppenwürfel, Senf und Paprikapulver nach Belieben würzen. Die Nudeln zum Fleisch geben und alles gut vermischen. Mit Wasser aufgießen, bis die Nudeln gerade bedeckt sind. Alles aufkochen lassen, bei geschlossenem Deckel ca. 12 Minuten köcheln lassen und weitere 3 Minuten ohne Deckel, damit das Wasser gut verdampft. Dann noch die Petersilie und den Sauerrahm einrühren.

One-Pot-Jalapeños-Reis

Zutaten für 3 Portionen:
4 Frühlingszwiebeln/2 Knoblauchzehen/500 ml Gemüsebrühe/120 ml Milch/120 g Cheddarkäse/100 g Frischkäse/2 EL Butter/1 EL Rapsöl/300 g Reis/400 g Hähnchenbrustfilet/4 Jalapeños/Kreuzkümmel (Cumin)/1 TL Cayennepfeffer/1 TL Zwiebelgranulat/Salz und Pfeffer/Zimt

Zubereitung:
Die Jalapeños, Knoblauchzehen, Frühlingszwiebeln und das Hähnchenbrustfilet in kleine Stücke schneiden. Den Cheddarkäse würfeln. Öl und Butter in einen Topf geben und schmelzen lassen. Das Hähnchenfleisch darin anbraten, die Frühlingszwiebeln, Knoblauchzehen und Jalapeños hinzufügen und mitbraten lassen. Die Gewürze und den Reis hinzufügen und köcheln lassen, bis der Reis fast gar ist, ca. 15 Minuten. Anschließend die Milch und den Käse hinzufügen und schmelzen lassen, immer wieder gut verrühren. Weitere 5 Minuten und ständigem Rühren weiter köcheln lassen, noch mal gut abschmecken.

One-Pot-Burrito

Zutaten für 4 Portionen:
200 g Langkornreis/1 Dose Mais klein/1 Dose rote Kidneybohnen, 400 g/1 Dose Tomaten, Stücke, 400 g/1 Becher saure Sahne/150 g Gouda, gerieben/500 g Hähnchenbrust/600 ml Hühnerbrühe/1 Bund Frühlingszwiebeln/2 Tomaten/1 Zwiebel/Mexikanische Gewürzmischung/Olivenöl

Zubereitung:
Die Zwiebel schälen und würfeln, Olivenöl in einem Topf erhitzen und die Zwiebel darin anschwitzen. Die Hähnchenbrust in Stücke schneiden, zu den Zwiebeln geben und anbraten. Die gehackten Tomaten, Hühnerbrühe, Mais und Kidneybohnen hinzufügen und mit mexikanischem Gewürz ganz nach Belieben abschmecken und aufkochen lassen. Anschließend den Reis hinzugeben, sodass er noch vollständig mit der Brühe bedeckt ist und köcheln lassen, bis der Reis gar ist. Vom Herd nehmen und mit dem Gouda bestreuen. Bei geschlossenem Deckel warten, bis der Gouda geschmolzen ist. Nun die saure Sahne auf den Käse geben. Die Tomaten waschen und in Würfel schneiden, dann über die saure Sahne geben. Frühlingszwiebeln waschen und in Ringe schneiden und ebenfalls über die saure Sahne geben.

One-Pot-Reis-Hähnchen

Zutaten für 4 Portionen:
1 Handvoll Gemüse, z. B. Karotten, Zucchini, Brokkoli, Tomaten/1 Tasse Reis/500 ml Gemüsebrühe/250 g Hühnerbrustfilet oder Hühnerbrust/Italienische Kräuter/Salz und Pfeffer/Butter

Zubereitung:
Hähnchenfleisch in Stücke schneiden und mit Pfeffer und Salz würzen. Das Gemüse waschen und in kleine Stücke schneiden. In einem mittelgroßen Topf die Butter schmelzen lassen und das Fleisch von beiden Seiten kurz scharf anbraten. Anschließend das Fleisch aus der Pfanne nehmen. Den Reis in den Topf geben, mit der Gemüsebrühe aufgießen und mit den Kräutern abschmecken. Das Gemüse und die Hühnerstücke dazugeben. Mit Deckel ca. 25 Minuten leicht köcheln lassen.

One-Pot-Lachs mit Gemüsereis

Zutaten für 2 Portionen:
2 Karotten/4 EL Erbsen/etwas Milch/Gemüsebrühe/1 Tasse Reis/2 Lachsfilets, TK/Pfeffer
Muskat/Kräuter

Zubereitung:
Die Karotten schälen und klein schneiden. Den Reis nach Anleitung mit Wasser, etwas
Gemüsebrühe und etwas Milch aufsetzen. Nach ca. 10 Minuten die Karotten hinzufügen.
Nach weiteren 10 Minuten die Erbsen unterrühren. Mit Salz, Pfeffer, Gemüsebrühe, Muskat und Kräutern abschmecken. Den leicht angetauten Lachs in Stücke schneiden und auf
den Reis legen. Mit Deckel bei schwacher Hitze köcheln lassen. Sobald der Lachs durch
ist, servieren.

One-Pot Asia Style

Zutaten für 2 Portionen:
1 Bund Frühlingszwiebeln/2 EL Sesamöl/200 g Reis/1 rote Paprikaschote/3 Eier/Salz/
süße Chilisauce, zum Garnieren/3 EL Sojasauce

Zubereitung:
Die Paprika und die Frühlingszwiebeln waschen, die Paprika in Würfel schneiden, die
Frühlingszwiebeln in Ringe schneiden. Die Eier, Sesamöl und Sojasoße vermengen. Den
Reis mit der doppelten Menge Wasser, Salz und etwas Sesamöl in einem Topf zum Kochen bringen. Hitze runterstellen und ca. 10 Minuten köcheln lassen. Dabei zwischendurch umrühren. Anschließend ohne Deckel warten, bis die gesamte Flüssigkeit verkocht
ist. Nun die Paprika und die Frühlingszwiebeln zufügen und kurz weiter garen. Jetzt die
Eier-Sesamöl-Sojasoße unterrühren und warten, bis die Eier stocken.
Mit der süßen Chilisoße garnieren.

One-Pot-Reis mit Gemüse

Zutaten für 4 Portionen:
100 g gemischtes Gemüse, TK/400 g Tomaten/1 Paprikaschote, gelb oder rot/1 Bund Frühlingszwiebeln/2 EL Olivenöl/500 ml Gemüsebrühe/250 g Basmatireis oder Langkornreis/250 g Champignons/50 g Feta-Käse/Salz und Pfeffer/n. B. Pecorino, gerieben

Zubereitung:
Die Tomaten waschen und würfeln. Die Champignons putzen und in Scheiben schneiden. Die Paprika waschen und in Stücke schneiden. Die Frühlingszwiebeln waschen und in Ringe schneiden und in einem Topf mit Öl andünsten. Paprika, Reis, Pilze, Tomaten und Gemüsebrühe ebenfalls in den Topf geben, aufkochen und ca. 20 Minuten bei geringer Hitze köcheln lassen, bis fast die gesamte Flüssigkeit vom Reis aufgenommen wurde und das Gemüse gar ist. Zum Schluss den zerbröselten Feta unterrühren. Mit Salz und Pfeffer abschmecken. Mit dem geriebenen Pecorino bestreut servieren.

One-Pot-Reis mit Feta und Cherry-Tomaten

Zutaten für 2 Portionen:
250 g Reis, parboiled/1 Liter kochendes Wasser/4 EL Olivenöl/150 g griechischer Feta-Käse, in Würfeln/250 g Cherry-Rispentomaten/Salz und Pfeffer

Zubereitung:
Das Olivenöl in einem Topf heiß werden lassen und den Reis 3 Minuten anrösten. Mit dem kochenden Wasser aufgießen. Salz dazugeben und 10 Minuten köcheln lassen. Die Tomaten mit einer Gabel leicht zerdrücken und in den Topf geben. Den Feta ebenfalls in den Topf geben. Topf vom Herd nehmen und bei geschlossenem Deckel 5 Minuten fertig ziehen lassen. Mit Pfeffer abschmecken.

Grillen

Fleisch

Gorgonzola-Medaillons

Zutaten für 2 Personen:
12 Scheiben Speck/300 g Schweinefilet/Salz und Pfeffer/2 EL Gorgonzola/2 Tomaten

Zubereitung:
Zuerst die Medaillons aufschneiden. Die Tomaten waschen und klein schneiden. Die Medaillons mit den Tomaten sowie dem Gorgonzola füllen. Danach mit Salz und Pfeffer würzen. Zum Schluss die gefüllten Medaillons mit dem Speck umwickeln und bei 185 °C für 6 Minuten grillen.

Putensteaks mit Senfmarinade

Zutaten für 2 Personen:
Salz und Pfeffer/2 Putensteaks/1 EL Senf/2 EL Tomatenketchup/1 EL Olivenöl/1 EL Honig

Zubereitung:
Den Ketchup mit dem Senf sowie dem Honig verrühren. Die Marinade mit Salz, Pfeffer und Olivenöl abschmecken. Die Steaks in die Marinade geben und für 30 Minuten ruhen lassen. Danach die Steaks für 3–4 Minuten von allen Seiten bei 170 °C grillen.

Gefülltes Kalbsschnitzel mit Spargel

Zutaten für 2 Personen:
Salz und Pfeffer/300 g dünne Kalbsschnitzel/Olivenöl/2 TL Dijon-Senf/8 Spargel/2 TL Estragon/2 Scheiben Parmaschinken

Zubereitung:
Zuerst die Schnitzel mit Salz und Pfeffer würzen. Danach mit dem Senf bestreichen. Den Estragon waschen und hacken. Diesen über die Schnitzel geben. Den Spargel mit dem Schinken umrollen und auf die Schnitzel legen. Die Schnitzel einrollen und fixieren. Die gefüllten Kalbsschnitzel bei 160 °C für 8 Minuten grillen.

Süßer Kalbsnacken

Zutaten für 2 Personen:
Olivenöl/200 g Kalbsnacken/Salz und Pfeffer/Petersilie/1 TL Oregano/Koriander/1 TL Honig

Zubereitung:
Den Honig mit dem Koriander sowie der Petersilie verrühren. Das Fleisch hinzugeben und für eine halbe Stunde darin marinieren. Das Rost einölen und das Fleisch bei 175 °C für 6 Minuten grillen.

Kräuter-Hüftsteak

Zutaten für 2 Personen:
Salz und Pfeffer/2 Rindersteaks/2 Knoblauchzehen/200 g Butter/gefrorene Kräuter/2 EL Zitronensaft

Zubereitung:
Das Rost des Grills einölen. Die Steaks für 4 Minuten von beiden Seiten grillen. Die Steaks mit Salz und Pfeffer würzen. Den Knoblauch schälen und hacken. Die Butter mit dem Zitronensaft sowie den Kräutern und dem Knoblauch in einem Topf erhitzen. Die Kräuterbutter über die fertigen Steaks geben und servieren.

Honig-Senf-Hähnchen-Spieße

Zutaten für 2 Personen:
Holzspieße/250 g Hähnchenbrustfilets/Salz und Pfeffer/1/2 Knoblauchzehe/Paprikapulver 2 EL Honig/1 EL Senf/Olivenöl

Zubereitung:
Den Knoblauch schälen und hacken. Das Hähnchenbrustfilet in Streifen schneiden. Den Senf mit dem Knoblauch, dem Honig, Paprikapulver sowie dem Olivenöl verrühren. Die Hähnchenstreifen hineingeben und für einige Minuten marinieren. Das Fleisch auf die Holzspieße stecken und für 10 Minuten bei 160 °C auf dem Gasgrill grillen.

Hähnchenschenkel in Joghurtmarinade

Zutaten für 2 Personen:
Salz und Pfeffer/2 Hähnchenschenkel/2 Knoblauchzehen/100 g Naturjoghurt/1 EL Rosmarin/1 EL Dijon-Senf

Zubereitung:
Den Knoblauch schälen und hacken. Den Joghurt mit dem Rosmarin, dem Knoblauch, dem Senf sowie Salz und Pfeffer verrühren. Die Hähnchenschenkel hineingeben und für 2 Stunden marinieren. Danach die Hähnchenschenkel für 5–10 Minuten bei 170 °C grillen.

Sesam-Hähnchen mit Honigmarinade

Zutaten für 2 Personen:
Salz und Pfeffer/2 Hähnchenbrustfilets/1 EL Sesam/2 EL Honig/1 Knoblauchzehe/2 EL Zitronensaft
2 EL Sojasauce

Zubereitung:
Den Knoblauch schälen und durch eine Knoblauchpresse drücken. Dann mit dem Honig, der Sojasauce und dem Zitronensaft verrühren. Die Hähnchenbrustfilets hineingeben und für 3 Stunden darin marinieren. Das Rost eines Gasgrills einölen und die Hähnchenbrustfilets für 5 Minuten bei 190 °C grillen. In einer Pfanne ohne Fett den Sesam rösten. Das fertige Fleisch mit dem Sesam garnieren.

Hirschrückensteak mit Pfeffer-Fenchel-Sauce

Zutaten für 2 Personen:
1 TL Sojasauce/300 g Hirschrückensteak/Salz/Zitronenschale/1 TL Fenchelsamen/1 TL grobe Pfefferkörner

Zubereitung:
Zuerst den Gasgrill auf 180 °C vorheizen. Die Pfefferkörner mit der Zitronenschale, der Sojasauce sowie dem Fenchelsamen verrühren. Das Hirschrückensteak auf dem Grill für 7 Minuten grillen. Danach anrichten und mit der Pfeffer-Fenchel-Sauce garnieren.

Senf-Lammkoteletts

Zutaten für 2 Personen:
Salz und Pfeffer/2 Lammkoteletts/Thymian/2 EL Olivenöl/Rosmarin/1 EL Senf

Zubereitung:
Zuerst den Gasgrill auf 200 °C erhitzen. Das Rost einölen. Die Lammkoteletts mit Salz, Pfeffer, Rosmarin, Senf und Thymian würzen. Danach die Koteletts für 10 Minuten grillen.

Apfel-Kalbsleber

Zutaten für 2 Personen:
1 TL Zitronenschale/150 g Kalbsleber/1 TL Petersilie/3 Apfelscheiben/Salz und Pfeffer/Olivenöl

Zubereitung:
Zuerst die Kalbsleber mit Olivenöl einpinseln. Danach mit Salz und Pfeffer würzen. Die Apfelscheiben auf die Kalbsleber legen und diese bei 170 °C für 5 Minuten grillen. Die Petersilie mit der Zitronenschale sowie Olivenöl verrühren und über die fertige Kalbsleber geben.

Gegrillte Entenbrust in Orangensauce

Zutaten für 2 Personen:
Alufolie/200 g Entenbrust/Olivenöl/1 TL Honig/7 g Ingwer/2 EL Orangensaft/Salz und Pfeffer/1/2 Orange

Zubereitung:
Die Entenbrust mit Olivenöl einpinseln. Das Rost des Gasgrills einölen. Danach die Entenbrust bei 200 °C für 3 Minuten grillen. Die übrigen Zutaten mischen. Die fertige Entenbrust auf Alufolie legen und mit der Orangensauce übergießen. Danach die Entenbrust in der Alufolie nochmals bei 170 °C für 10 Minuten grillen.

Gefüllte Hähnchenbrustfilets

Zutaten für 2 Personen:
Salz und Pfeffer/2 Hähnchenbrustfilets/1 EL Olivenöl/2 Scheiben Gouda/2 Scheiben Schinken

Zubereitung:
Die Hähnchenbrustfilets dünn ausklopfen. Danach in der Mitte aufschneiden und mit je einer Scheibe Käse sowie einer Scheibe Schinken belegen. Danach die Hähnchenbrustfilets schließen und mit Salz und Pfeffer würzen. Die gefüllten Hähnchenbrustfilets bei 160 °C für 20 Minuten grillen.

Schweinekamm in Biermarinade

Zutaten für 5 Personen:
Salz und Pfeffer/1 Schweinekamm/1 Flasche Bier/2 Knoblauchzehen/2 Zwiebeln

Zubereitung:
Den Knoblauch sowie die Zwiebeln schälen und hacken. Das Fleisch mit Salz und Pfeffer würzen. Den Knoblauch mit den Zwiebeln sowie dem Bier verrühren. Das Fleisch in die Biermarinade geben und für 2 Stunden ziehen lassen. Danach das Fleisch bei 190 °C für 5–10 Minuten grillen.

Spareribs mit Joghurt-Senf-Glasur

Zutaten für 2 Personen:
Salz und Pfeffer/1 kg Spareribs/1 TL Joghurt/3 EL Grillgewürz/2 TL Dijon-Senf/125 ml Apfelessig
3 EL Sojasauce

Zubereitung:
Die Spareribs mit dem Grillgewürz bestreuen. Den Gasgrill auf 150 °C erhitzen und die Spareribs darauf grillen. Danach den Deckel verschließen und die Spareribs für 3 Stunden grillen. Die Sojasauce mit dem Joghurt, dem Senf sowie dem Apfelessig verrühren. Das Fleisch alle 30 Minuten mit der Marinade bestreichen und nochmals mit Salz und Pfeffer würzen.

Rosmarin-Rippchen

Zutaten für 8 Personen:
Salz und Pfeffer/3 kg Rippenbraten mit Knochen/80 ml Olivenöl/5 Thymianzweige/2 Schalotten/5 Rosmarinzweige/2 Knoblauchzehen

Zubereitung:
Den Rosmarin mit dem Thymian zusammen zerstoßen. Die Schalotten und den Knoblauch schälen. Beides hacken und ebenfalls mörsern. Danach die Gewürze unterrühren und alles nochmals mörsern. Anschließend das Olivenöl einrühren und die Paste mit Salz und Pfeffer würzen. Das Fleisch von den Rippen entfernen. Das Fleisch mit der Paste einreiben und mit Garn wieder an die Knochen binden. Den Rippenbraten auf das Rost legen und bei geschlossenem Deckel für 90–120 Minuten bis zu einer Kerntemperatur von 56 °C grillen. Vor dem Servieren den Rippenbraten für 10 Minuten ruhen lassen.

Überbackenes Schweinefleisch

Zutaten für 4 Personen:
200 g geriebener Käse/750 g küchenfertige Schweineoberschale/100 ml Sahne/2 Zwiebeln/Zitronensaft/6 Nelken/Salz und Pfeffer/2 Lorbeerblätter/Worcestershiresauce/1 l Fleischbrühe/100 ml Weißwein/5 EL Butter/6 EL Mehl

Zubereitung:
Die Zwiebeln schälen und mit jeweils 3 Nelken füllen. Die Zwiebeln mit den Lorbeerblättern in der Fleischbrühe mischen. Das Fleisch würfeln und mit der Sauce verrühren. Die Masse in feuerfeste Formen geben und mit dem Käse bestreuen. Den Grill auf 180 °C erhitzen. Die Brühe absieben und auffangen. Die Butter in einer feuerfesten Form auf dem Grill schmelzen und das Mehl einrühren. Danach mit der Brühe sowie dem Weißwein unter Rühren ablöschen. Die Sauce für 10 Minuten köcheln lassen. Danach die Sahne einrühren und nochmals mit Salz, Zitronensaft sowie Pfeffer würzen. Das Fleisch in den Förmchen für 20 Minuten überbacken.

Selbstgemachte Currywurst

Zutaten für 4 Personen:
Für die Sauce:
1 TL Apfelessig/1,5 EL Öl/250 ml Tomatenketchup/4 EL Zwiebelwürfel/1/4 TL Pfeffer/1 Knoblauchzehe/1/4 TL gemahlenes Piment/1 TL gelbe Senfsamen/1 EL Madras-Curry-pulver
Für die Wurst:
1 EL Olivenöl(4 rohe Bratwürste

Zubereitung:
Den Grill auf 175–230 °C erhitzen. Den Knoblauch schälen und hacken. Das Öl erhitzen und die Zwiebelwürfel, den Knoblauch sowie die Senfsamen darin dünsten. Danach das Currypulver, den Pfeffer und das Piment einrühren. Anschließend den Essig sowie den Ketchup hinzugeben und aufkochen. Die Sauce unter Rühren für 3 Minuten köcheln lassen. Danach die Sauce warm halten. Die Bratwürste mit Olivenöl bestreichen und für 8–10 Minuten bei geschlossenem Deckel unter gelegentlichem Wenden grillen. Die Kerntemperatur sollte 71 °C sein. Die fertigen Würste in Scheiben schneiden und anrichten. Darüber die Currysauce geben und mit etwas Currypulver garnieren.

Umwickelte Feigen

Zutaten für 1 Portion:
2 EL Balsamicoessig/2 Feigen/10 g Rucola/4 Scheiben Speck/4 Blätter Salbei

Zubereitung:
Die Feigen halbieren und den Salbei darauflegen. Danach mit dem Speck umwickeln. Die umwickelten Feigen für 5 Minuten grillen. Den Rucola waschen und anrichten. Darauf die Feigen legen und mit Balsamicoessig beträufeln.

Einfaches T-Bone-Steak

Zutaten für 1 Portion:
Olivenöl/500 g T-Bone-Steak/bunter Pfeffer/1 TL Knoblauchöl/Zitronensalz

Zubereitung:
Das Steak mit dem Öl einreiben und für 60 Minuten ruhen lassen. Danach von beiden Seiten für 3 Minuten bei 200 °C grillen. Anschließend auf dem Grill bei geringer Temperatur für 10 Minuten ruhen lassen. Das fertige Steak mit Olivenöl bestreichen und mit dem bunten Pfeffer sowie dem Zitronensalz garnieren.

Whiskey-Porterhouse-Steak

Zutaten für 1 Portion:
3 EL Whiskey/1,2 kg Porterhouse-Steak/Szechuan-Pfeffer/2 EL Olivenöl/Salz

Zubereitung.
Zuerst das Fleisch waschen und abtrocknen. Danach mit Olivenöl bestreichen und mit Salz und Pfeffer würzen. Den Grill auf 220 °C erhitzen. Das Fleisch für 3 Minuten von jeder Seite grillen. Danach die Temperatur auf 90 °C reduzieren und das Fleisch bis zu einer Kerntemperatur von 54 °C bei indirekter Hitze garen. Währenddessen mehrfach mit Whiskey bepinseln.

Rinderfilet mit Rosmarin

Zutaten für 1 Portion:
Salz und Pfeffer/1/2 Rosmarinzweig/200 g Rinderfiletspitzen/1/2 TL Thymian/1 EL Sesamöl/1 Knoblauchzehe/1 Kardamomkapsel

Zubereitung:
Den Knoblauch schälen und mit der Kardamomkapsel, dem Thymian sowie dem Rosmarin mörsern. Danach das Sesamöl einrühren. Das Fleisch in der Masse für 30 Minuten marinieren. Danach das Rinderfilet auf einen Spieß stecken und nochmals mit Salz und Pfeffer würzen. Das Fleisch für 3 Minuten von allen Seiten bei 200 °C grillen.

Senf-Rouladen

Zutaten für 1 Portion:
1 EL Kokosöl/200 g Beiried, pariert/1 EL Senf/Salz und Pfeffer/1 TL Thymian/3 dünne Scheiben Speck/1 Knoblauchzehe/100 g rote Zwiebeln

Zubereitung:
Das Fleisch dünn klopfen und mit Salz und Pfeffer würzen. Danach mit dem Speck belegen. Den Knoblauch sowie die Zwiebeln schälen und würfeln. Beides mit dem Senf und dem Thymian verrühren. Die Masse auf dem Speck verteilen und das Fleisch einrollen. Danach aus der Fleischrolle 3 cm dicke Stücke schneiden und diese auf Spieße stecken. Die Schnittflächen mit Kokosöl einreiben und für 4 Minuten bei 200 °C grillen.

Rinderfilet mit Himbeer-Tahini-Glasur

Zutaten für 1 Portion:
1 EL Sojasauce/200 g Rinderfilet/1 EL Sesamöl/1 Knoblauchzehe/1/2 TL Rohrzucker
1 EL Tahini/1 EL Himbeeressig

Zubereitung:
Zuerst das Steak für 60 Minuten auf Zimmertemperatur erwärmen. Den Knoblauch schälen und hacken. Diesen mit dem Himbeeressig, dem Tahini, der Sojasauce, dem Rohrzucker sowie dem Sesamöl verrühren. Das Rinderfilet damit einreiben und für 4 Minuten unter Wenden bei 180 °C grillen. Vor dem Servieren für 5 Minuten ruhen lassen.

Rindernacken mit Tamarindenpaste

Zutaten für 1 Portion:
1 TL Kokosöl/250 g Rindernacken/1 Msp. geriebener Ingwer/1 EL Tamarindenpaste/1 Chilischote
1 TL Balsamicoessig

Zubereitung:
Den Rindernacken dünn ausklopfen. Die Chilischote waschen und hacken. Den Balsamicoessig mit der Tamarindenpaste sowie dem Kokosöl, dem Ingwer und der Chilischote verrühren. Den Rindernacken mit der Paste einpinseln und pro Seite 3 Minuten bei 180 °C grillen.

Buttermilch-Steak

Zutaten für 1 Portion:
Salz und Pfeffer/1 TL geriebener Ingwer/250 g Rinderfilet/1 Knoblauchzehe/150 ml Buttermilch/1/2 Sternanis/1 TL Honig/1 TL Sesamöl

Zubereitung:
Den Knoblauch schälen und hacken. In einer Pfanne das Sesamöl erhitzen und den Ingwer mit dem Sternanis sowie dem Knoblauch rösten. Danach die Buttermilch sowie den Honig einrühren. Die Sauce auf 50 °C abkühlen lassen und das Rinderfilet darin für 2 Stunden marinieren. Danach das Filet mit Salz und Pfeffer würzen und für 2 Minuten auf jeder Seite bei 200 °C grillen.

Tomaten-Salbei-Steak

Zutaten für 1 Portion:
Salz und Pfeffer/200 g Rinderfilet/1 TL Olivenöl/2 getrocknete Tomaten/1 TL geriebener Parmesan
2 grüne Oliven/1 Salbeiblatt/1 Knoblauchzehe

Zubereitung:
Das Fleisch längs einschneiden. Den Knoblauch schälen und hacken. Die Tomaten, die Oliven sowie das Salbeiblatt ebenfalls hacken. Dann mit dem Knoblauch und dem Parmesan verrühren. Die Masse in das Rinderfilet geben und fixieren. Danach das Rinderfilet mit Olivenöl einreiben und mit Salz und Pfeffer würzen. Anschließend das Rinderfilet für 12 Minuten bei 180 °C grillen.

Fruchtige Rinderspieße

Zutaten für 1 Portion:
1 EL Kokosöl/200 g Rumpsteak/1 Chilischote/8 dünne Limettenscheiben/1 TL Austernsauce/100 g Mango/1 EL Sojasauce

Zubereitung:
Die Chilischote waschen und hacken. Das Rumpsteak würfeln. Die Mango schälen und das Fruchtfleisch würfeln. Die Limettenscheiben mit dem Rumpsteak sowie den Mangos abwechselnd auf Spieße stecken. Die Austernsauce mit der Chilischote, dem Kokosöl sowie der Sojasauce mischen. Die Spieße darin marinieren. Zum Schluss die Rinderspieße für 5 Minuten unter Wenden bei 220 °C grillen.

Entensteak mit Gänseleber

Zutaten für 1 Portion:
frischer Trüffel/1 küchenfertige Gänseleber/1 Prise Piment/50 g gesalzene Butter/Chilisalz/1 Prise Vanillezucker/2 EL Madeira/2 Salbeiblätter/150 g Entensteak

Zubereitung:
Die Leber waschen und abtrocknen. Die Butter mit dem Vanillezucker sowie dem Salbei schmelzen. Danach die Butter über die Gänseleber geben und über Nacht im Kühlschrank ziehen lassen. Danach die Leber aus dem Kühlschrank nehmen und auf Zimmertemperatur erwärmen. Das Entensteak mit Madeira einpinseln. Danach mit dem Chilisalz sowie dem Piment würzen. Das Entensteak für 60 Minuten marinieren. Zum Schluss die Ente für 3 Minuten bei 220 °C grillen. Die Leber aus der Butter nehmen und für 45 Sekunden von allen Seiten grillen. Beides anrichten und mit den Trüffeln garnieren.

Erdnuss-Rinderbrust

Zutaten für 1 Portion:
2 EL Majoran/2 kg Rinderbrust/1 EL gemahlener Kreuzkümmel/3 EL Erdnussöl/1 EL Knoblauchpulver/2 EL Meersalz/1 EL Zwiebelpulver/2 EL Rohrzucker/1 EL Pfeffer
1 EL Paprikapulver/1 EL Chilipulver

Zubereitung:
Das Fleisch mit dem Öl einreiben. Die Gewürze mischen und die Mischung in die Rinderbrust massieren. Das Fleisch über Nacht im Kühlschrank ziehen lassen. Danach das Fleisch für 6 Stunden bei indirekter Hitze bei 110 °C grillen.

Frischkäse-Steak

Zutaten für 1 Portion:
1 TL Koriander/250 g Hüftsteak/1 EL Frischkäse/1 TL Misopaste/30 g Kimchi/1 Knoblauchzehe
1 TL Reiswein/1 TL brauner Zucker/1 TL Sesamöl

Zubereitung:
Den Knoblauch schälen und hacken. Diesen mit der Misopaste, dem Sesamöl, dem Zucker sowie dem Reiswein mischen. Das Steak mit der Marinade einreiben und für 60 Minuten marinieren. Das Kimchi hacken und mit dem Frischkäse verrühren. Das Hüftsteak aus der Marinade nehmen und für 2 Minuten unter Wenden auf dem Rost bei 200 °C grillen. Anschließend die Kimchi-Mischung darauf geben und das Fleisch bei geschlossenem Deckel für 2 Minuten grillen. Zum Schluss das Fleisch für 5 Minuten bei indirekter Hitze ruhen lassen.

Fisch

Fisch Zitroniger Zander

Zutaten für 2 Personen:
6 Zitronenscheiben/2 Zanderfilets mit Haut/Salz und Pfeffer/1 TL Zitronenschale/Olivenöl/1 TL Thymian

Zubereitung:
Den Zander mit der Zitronenschale, Salz, Pfeffer und dem Thymian würzen. Einen Gasgrill auf 180 °C erhitzen. Die Zitronenscheiben auf den Zander legen und diesen für 6 Minuten grillen.

Seezunge mit Sauerrahm und Zucchini

Zutaten für 2 Personen:
Olivenöl/200 g Seezungenfilet/Salz und Pfeffer/1 Zucchini/1 EL Sauerrahm/1 Knoblauchzehe
1 TL Tomatenmark

Zubereitung:
Den Knoblauch schälen und hacken. Das Seezungenfilet mit Salz und Pfeffer würzen.
Den Sauerrahm mit dem Knoblauch sowie dem Tomatenmark mischen. Die Masse auf
das Seezungenfilet streichen. Die Zucchini waschen und in Scheiben schneiden. Diese auf
das Fischfilet legen und mit Olivenöl bestreichen. Das Seezungenfilet bei 160 °C für 8
Minuten grillen.

Bacon-Seeteufel

Zutaten für 2 Personen:
Olivenöl/200 g Seeteufelfilet/Salz und Pfeffer/1/2 Zitrone/4 Scheiben Bacon/7 cm Ingwer
Petersilie

Zubereitung:
Zuerst den Seeteufel mit Olivenöl bestreichen. Die Schale der Zitrone abreiben. Das Seeteufelfilet mit der Zitronenschale, dem Salz, Ingwer und dem Pfeffer würzen. Die Petersilie waschen und hacken. Diese über das Filet geben und den Bacon um den Seeteufel wickeln. Den Fisch bei 170 °C für 8 Minuten grillen.

Kräuter-Sardinen

Zutaten für 2 Personen:
Salz und Pfeffer/500 g Sardinen/Rosmarin/Olivenöl/Oregano/1 EL Zitronensaft/Thymian
1 EL Weinbrand

Zubereitung.
Zuerst die Sardinen waschen. Die restlichen Zutaten miteinander verrühren. Danach die Sardinen in die Marinade geben und für 2 Stunden ziehen lassen. Danach aus der Marinade nehmen und bei 160 °C für 4 Minuten auf einem Gasgrill grillen. Die Sardinen anrichten und mit Zitronensaft würzen.

Scharfe Garnelen

Zutaten für 2 Personen:
1/2 rote Zwiebel/300 Garnelen/1 TL Zitronensaft/1 EL Sojasauce/1 TL Sambal Oelek/1 TL Fischsauce/1 Chilischote

Zubereitung:
Die Zwiebel schälen und würfeln. Die Chilischote waschen und hacken. Die Sojasauce mit der Zwiebel, dem Sambal Oelek, dem Zitronensaft, der Fischsauce sowie der Chilischote mischen. Danach die Garnelen hineingeben und marinieren. Einen Gasgrill auf 160 °C erhitzen. Die Garnelen aus der Marinade nehmen und für 6 Minuten grillen.

Meeresfrucht-Spieße mit Joghurtmarinade

Zutaten für 2 Personen:
Salz/6 Garnelen/1 TL Zitronensaft/40 g Zucchini/1 TL Sojasauce/100 g Tintenfisch/1 EL Joghurt
1/2 Lachsfilet

Zubereitung:
Die Zucchini waschen und klein schneiden. Die Meeresfrüchte abwechselnd aufspießen. Die Sojasauce mit dem Zitronensaft sowie dem Joghurt verrühren und mit Salz abschmecken. Die Meeresfrucht-Spieße in die Marinade legen. Einen Gasgrill auf 180 °C erhitzen. Die Spieße aus der Marinade nehmen und für 5 Minuten grillen.

Süß-scharfes Lachsfilet

Zutaten für 2 Personen:
Olivenöl/2 Lachsfilets/Salz und Pfeffer/Dill/2 EL Honig/1 rote Zwiebel/4 EL Senf/1 Zitrone

Zubereitung:
Die Zwiebel schälen und hacken. Den Dill waschen und ebenfalls hacken. Die Zitrone auspressen. Den Dill mit dem Zitronensaft, dem Honig, dem Olivenöl sowie dem Senf vermischen. Die Lachsfilets mit den Zwiebeln bei 170 °C für 3 Minuten grillen. Danach anrichten und mit der Sauce garnieren.

Lachs mit Gurken-Chilisauce

Zutaten für 2 Personen:
Salz und Pfeffer/2 Lachsfilets/2 EL Olivenöl/1 Zwiebel/2 EL Balsamico/1 Chilischote/1 Salatgurke

Zubereitung:
Die Gurke schälen und klein schneiden. Die Zwiebel schälen und hacken. Die Chilischote waschen und ebenfalls hacken. Die Gurke mit der Chilischote, der Zwiebel sowie dem Olivenöl und dem Balsamico mischen. Die Lachsfilets von beiden Seiten grillen. Danach mit Salz und Pfeffer würzen. Die Sauce aus der Gurkenmischung abschütten und auffangen. Die Lachsfilets anrichten und mit der Gurken-Chilisauce garnieren.

Thunfisch mit Gurkensalat

Zutaten für 2 Personen:
Salz und Pfeffer/2 Thunfischsteaks/1 EL Zitronensaft/1 Zwiebel/Koriander/2 EL Olivenöl
Ingwer/1 Salatgurke

Zubereitung:
Die Thunfischsteaks mit Olivenöl einpinseln und mit Salz und Pfeffer würzen. Diese von beiden Seiten grillen. Die Gurke schälen und klein schneiden. Die Zwiebel sowie den Ingwer schälen und hacken. Den Zitronensaft mit der Salatgurke, dem Koriander, der Zwiebel und dem Ingwer verrühren. Den fertigen Thunfisch mit dem Gurkensalat anrichten.

Gegrillter Garnelensalat

Zutaten für 2 Personen:
Salz und Pfeffer/250 g Garnelen/Balsamico/200 g Blattsalat/Olivenöl/20 g Sonnenblumenkerne
Petersilie/1 Zitrone

Zubereitung:
Den Salat mit den Sonnenblumenkernen, dem Olivenöl und dem Balsamico mischen. Den Salat mit Salz abschmecken. Die Zitrone auspressen. Die Petersilie waschen und hacken. Die Garnelen bei 160 °C für 4 Minuten grillen. Die fertigen Garnelen zu dem Salat geben und Zitronensaft beträufeln. Zum Servieren die Petersilie darüber streuen.

Garnelen-Zwiebel-Spieße

Zutaten für 2 Personen:

1 Zwiebel/200 g Garnelen´/1 Knoblauchzehe/1 TL Zitronensaft

Zubereitung:

Zuerst die Zwiebel schälen und in Scheiben schneiden. Den Knoblauch schälen und durch eine Presse drücken. Die Garnelen waschen und abwechselnd mit den Zwiebeln aufspießen. Den Knoblauch mit dem Zitronensaft mischen und die Spieße darin wenden. Diese bei 160 °C für 5 Minuten grillen.

Zitronen-Saiblinge

Zutaten für 2 Personen:

1 TL Zitronenschale/300 g Saiblinge/Salz und Pfeffer/2 TL Zitronensaft

Zubereitung:

Die Saiblinge mit dem Zitronensaft beträufeln. Einen Gasgrill auf 170 °C erhitzen und die Saiblinge für 3 Minuten grillen. Danach anrichten und Salz, Pfeffer und Zitronenschale darüber verteilen.

Rosmarin-Forelle mit Zitronenbutter

Zutaten für 2 Personen:
Olivenöl/2 Forellen/Salz und Pfeffer/1 Zitrone/60 g Butter/2 Rosmarinzweige/2 Knoblauchzehen

Zubereitung:
Zuerst den Knoblauch schälen und hacken. Diese mit dem Rosmarin auf den Forellen verteilen. Diese nochmals mit Olivenöl bestreichen. Einen Gasgrill auf 170 °C erhitzen. Die Forellen für 12 Minuten grillen. Die Zitrone auspressen. In einem Topf die Butter schmelzen und den Zitronensaft einrühren. Die Zitronenbutter mit Salz und Pfeffer würzen. Die fertigen Forellen anrichten und mit der Zitronenbutter beträufeln.

Zanderfilet auf Gemüsebett

Zutaten für 2 Personen:
Salz und Pfeffer/2 Zanderfilets/1 EL Olivenöl/100 g Feta/1 Paprika/4 Cocktailtomaten
1 EL Dill

Zubereitung:
Den Fisch mit Olivenöl bepinseln und auf Alufolie legen. Danach den Fisch mit Salz und Pfeffer würzen. Die Tomaten waschen und würfeln. Die Paprika entkernen, waschen und ebenfalls würfeln. Den Feta abtropfen lassen und klein schneiden. Das Gemüse sowie den Feta zu dem Zander geben und mit Salz und Pfeffer würzen. Den Fisch mit dem Gemüse in der Alufolie bei 200 °C für 20 Minuten grillen.

Dorade mit gegrillter Paprika

Zutaten für 2 Personen:
Salz und Pfeffer/1 Dorade/Olivenöl/1 Zwiebel/1 Paprika

Zubereitung:
Zuerst die Dorade mit dem Olivenöl einpinseln. Die Paprika entkernen, waschen und klein schneiden. Die Zwiebel schälen und würfeln. Die Dorade mit der Paprika und der Zwiebel auf Alufolie legen und verschließen. Das Päckchen für 10 Minuten bei 160 °C grillen.

Barschfilet-Champignon-Spieße

Zutaten für 2 Personen:
2 EL Olivenöl/150 g Barschfilets/2 Champignons/Salz und Pfeffer/1 Kartoffel/4 Zitronen-scheiben

Zubereitung:
Die Kartoffel schälen und kochen. Die Champignons waschen und klein schneiden. Das Barschfilet würfeln. Die Kartoffel würfeln. Alle Zutaten abwechselnd aufspießen und mit Olivenöl bepinseln. Danach mit Salz und Pfeffer würzen. Die Barschfilet-Spieße bei 175 °C für 6 Minuten grillen.

Sesam-Barschfilet

Zutaten für 2 Personen:
1 Knoblauchzehe/300 g Barschfilet/1 TL Zitronensaft/1 EL Fischsauce/1 TL Sesamkörner/1 TL Petersilie

Zubereitung:
Den Knoblauch schälen und durch die Knoblauchpresse drücken. Das Barschfilet mit der Fischsauce bestreichen. Darüber den Knoblauch geben. Einen Gasgrill auf 170 °C erhitzen. Das Barschfilet für 6 Minuten grillen. Danach anrichten und mit der Petersilie und den Sesamkörnern bestreuen. Darüber den Zitronensaft träufeln.

Gefüllte Forelle

Zutaten für 1 Portion:
1 Rosmarinzweig/1 küchenfertige Forelle/3 Scheiben Ingwer/1 EL Zitronenöl/3 Knoblauchzehen
Salz und Pfeffer

Zubereitung:
Zuerst die Forelle waschen und abtrocknen. Danach mit dem Öl einpinseln und mit Salz und Pfeffer würzen. Den Knoblauch schälen und hacken. Die Forelle mit dem Knoblauch, dem Ingwer und dem Rosmarin füllen. Den Fisch anschließend in Alufolie wickeln und für 10 Minuten von beiden Seiten bei 200 °C grillen.

Gegrillter Lachs nach japanischer Art

Zutaten für 1 Portion:
20 g eingelegter Ingwer/200 g Lachsfilet mit Haut/1/2 TL Wasabi/1/2 TL Misopaste/1 Msp. geriebener Ingwer/1 EL Erdnussöl/1 Chilischote

Zubereitung:
Den Lachs waschen und abtrocknen. Die Chilischote waschen und hacken. Das Erdnussöl mit der Misopaste, dem Ingwer und der Chilischote mischen. Den Lachs mit der Mischung einreiben und für 20 Minuten ziehen lassen. Den Grill auf 220 °C erhitzen. Den Lachs mit der Hautseite nach unten für 1 Minute grillen. Danach wenden und nochmals für 1 Minute grillen. Den fertigen Lachs mit dem Ingwer und dem Wasabi anrichten.

Kräuter-Lachs mit Blutorange

Zutaten für 1 Portion:
5 EL Olivenöl/1 ganzer Lachs (geschuppt und ausgenommen)/Saft einer Blutorange/4 Kartoffeln/1/2 Bund Frühlingszwiebeln/Salz und Pfeffer/1/2 Bund Oregano/1/2 Bund Petersilie/1/2 Bund Basilikum/1/2 Bund Dill/1/2 Bund Koriander

Zubereitung:
Ein Holzbrett über Nacht wässern. Den Lachs waschen und abtrocknen. Eine Scheibe am unteren Teil der Kartoffeln abschneiden. Die Kartoffeln auf dem Holzbrett verteilen und den Lachs darauflegen. Diesen mit Salz und Pfeffer würzen. Einen Grill auf 140 °C erhitzen. Den Lachs für 1 Stunde bei indirekter Hitze garen. Den Fisch filetieren und anrichten. Die Frühlingszwiebeln waschen und mit den Kräutern klein schneiden. Die Kräuter und die Frühlingszwiebeln über dem Lachs verteilen. Zum Schluss mit Olivenöl sowie Blutorangensaft beträufeln.

Pistazien-Sardinen

Zutaten für 1 Portion:
1 EL Rosmarinöl/3 küchenfertige Sardinen/Orangenabrieb/2 EL geröstete Pistazien/1 EL Orangensaft/2 Knoblauchzehen/Salz und Pfeffer/1 Msp. Ingwer/1 EL Rapsöl/30 g Orangenfilets/10 g Blattspinat

Zubereitung:
Zuerst die Sardinen waschen und abtrocknen. Die Orangenfilets klein schneiden. Den Knoblauch schälen und hacken. Die Pistazien hacken. Beides mit dem Ingwer sowie den Orangenfilets und dem Spinat mischen. Die Sardinen ausnehmen und mit der Orangen-Pistazien-Masse füllen. Die Sardinen mit dem Öl bestreichen und mit Salz und Pfeffer würzen. Einen Grill auf 200 °C erhitzen. Die gefüllten Sardinen von beiden Seiten für 3 Minuten grillen. Danach die Sardinen bei indirekter Hitze für 5 Minuten ruhen lassen. Die fertigen Sardinen mit dem Orangenabrieb, dem Rosmarinöl sowie dem Orangensaft garnieren.

Kokos-Saibling auf einem Bananenblatt

Zutaten für 1 Portion:
1 Bananenblatt/200 g filetierter Saibling/2 EL Kokosmilch/Salz und Pfeffer/1/2 Bund Koriander
Limettenabrieb

Zubereitung:
Zuerst den Saibling mit Salz, Limettenabrieb und Pfeffer würzen. Den Koriander waschen und hacken. Den Saibling auf das Bananenblatt legen und mit dem Koriander belegen. Darüber die Kokosmilch gießen. Das Bananenblatt zusammenklappen und fixieren. Einen Grill auf 160 °C erhitzen und den Fisch in dem Bananenblatt für 10 Minuten grillen.

Zitronen-Wels

Zutaten für 1 Portion:

1 EL Olivenöl/250 g Welsfilet ohne Haut/1 Msp. Kreuzkümmel/1 Stange Zitronengras/1/2 TL Thymian/1 Lorbeerblatt/1 Schalotte/1 TL Meersalz/1 Knoblauchzehe/2 Wacholderbeeren

Zubereitung:

Den Wels waschen und abtrocknen. Das Zitronengrass zerdrücken und längs halbieren. Das Welsfilet auf ein Spieß stecken. Die Schalotte sowie den Knoblauch schälen und mit dem Lorbeerblatt, dem Salz sowie dem Thymian, den Wacholderbeeren und dem Kümmel mörsern. Das Filet mit der Gewürzmischung einreiben und mit Öl bepinseln. Das Welsfilet für 30 Minuten ruhen lassen. Den Grill auf 180 °C erhitzen. Das Welsfilet für 12 Minuten bei indirekter Hitze grillen. Vor dem Servieren für 5 Minuten ruhen lassen.

Fenchel-Karpfen

Zutaten für 1 Portion:

1 EL Walnussöl/200 g Karpfenfilet ohne Haut/1 EL Pernod/200 ml Buttermilch/Salz und Pfeffer/1 TL Fenchelsamen/1/2 TL Koriandersamen/1/2 TL Senfkörner

Zubereitung:

Den Fisch waschen und mit der Buttermilch übergießen. Diesen im Kühlschrank über Nacht marinieren. Die Fenchelsamen mit dem Senf und dem Koriander ohne Fett in einer Pfanne rösten. Danach die Samen mörsern. Den Karpfen aus der Marinade nehmen und waschen. Danach abtrocknen und mit der Samenmischung einreiben. Den Karpfen nochmals mit Salz und Pfeffer würzen. Einen Grill auf 180 °C erhitzen und den Fisch für 10 Minuten grillen. Den fertigen Karpfen mit dem Walnussöl und dem Pernod garnieren.

Gefüllte Schnecken

Zutaten für 1 Portion:

1 kleines Baguette/12 Schnecken/Salz und Pfeffer/20 g Butter/1 Prise gemahlener Kreuz-kümmel/1/2 Knoblauchzehe/1 TL Campari/1 EL Basilikum

Zubereitung:

Den Knoblauch schälen und hacken. Das Basilikum waschen und hacken. Die Butter schaumig schlagen und Campari, Knoblauch, Salz, Knoblauch sowie Kreuzkümmel und Pfeffer einrühren. Die Buttermischung in die Schnecken geben. Die gefüllten Schnecken in eine Auflaufform geben. Den Grill auf 120 °C erhitzen. Die Schnecken bei indirekter Hitze für 10 Minuten grillen. Das Baguette zu den Schnecken servieren.

Vegetarisch

Ziegenkäse-Zucchini

Zutaten für 1 Portion:
1 EL Zitronenöl/4 Zucchinischeiben/Salz und Pfeffer/4 Tomatenscheiben/1 Prise gemahlener Kreuzkümmel/2 Salbeiblätter/40 g Ziegenkäse

Zubereitung:
Die Zucchinischeiben kreuzweise übereinanderlegen. Zwei Tomatenscheiben in die Mitte legen und ein Salbeiblatt darauf drapieren. Darauf Ziegenkäse sowie den Kreuzkümmel geben. Darauf wiederum die restlichen Tomatenscheiben legen und die Zucchinis zusammenwickeln. Diese von jeder Seite für 2 Minuten grillen. Danach mit Salz und Pfeffer würzen. Zum Servieren mit Zitronenöl garnieren.

Gefüllte Avocado mit Paprika

Zutaten für 1 Portion:
1 EL gehackte Petersilie/1 Avocado/Salz und Pfeffer/1 Scheibe Bauernbrot/1 EL Limettensaft
1 EL Knoblauchbutter/1 Chilischote/1/4 rote Zwiebel/1/4 gelbe Paprika

Zubereitung:
Die Avocado entsteinen und das Fruchtfleisch herausnehmen. Das Brot mit der Butter bestreichen. Das Avocadofruchtfleisch würfeln und mit dem Brot für 3 Minuten grillen. Das Brot würfeln. Die Zwiebel schälen und hacken. Die Paprika entkernen, waschen und würfeln. Die Chilischote waschen und hacken. Das Avocadofruchtfleisch mit der Paprika, dem Brot, der Zwiebel, der Chilischote sowie Salz und Pfeffer würzen. Die Masse in die Avocadoschale geben und anrichten. Zum Servieren mit der Petersilie garnieren.

Überbackene Avocado mit Mozzarella

Zutaten für 1 Portion:
30 g Mozzarella/1 Avocado/Muskatnuss/2 getrocknete Tomaten/Salz und Pfeffer/2 grüne Oliven/1 TL geröstete Pinienkerne/2 schwarze Oliven/1 Knoblauchzehe/1/2 TL Oregano/1 EL Mais

Zubereitung:
Die Avocado entsteinen und das Fruchtfleisch würfeln. Die Tomaten sowie die Oliven hacken. Den Knoblauch schälen und hacken. Das Avocadofruchtfleisch mit dem Muskat, den Tomaten, Salz, Oliven, Pfeffer, Pinienkernen, dem Knoblauch sowie dem Oregano und dem Mais mischen. Die Masse in die Avocadoschale füllen und den Mozzarella darüber verteilen. Die gefüllte Avocado auf dem Grill für 10 Minuten bei 200 °C überbacken.

Spinat-Fladen mit Feta

Zutaten für 1 Portion:
1 EL Blutorangensaft/100 g Mehl/1 EL Sesamöl/80 ml warmes Wasser/20 g Babyspinat
1 EL Olivenöl/80 g Feta/1/2 TL Backpulver/1/2 TL gehackter Rosmarin/1 Msp. Kardamom
5 schwarze Oliven/Salz

Zubereitung:
Die Oliven hacken. Das Mehl mit dem Wasser, dem Rosmarin, dem Olivenöl, den Oliven, dem Backpulver, dem Salz sowie dem Kardamom verkneten. Den Teig für 30 Minuten im Kühlschrank ruhen lassen. Danach den Teig halbieren und ausrollen. Die Fladen für 5 Minuten grillen. Danach die Fladen anrichten und den Feta darüber bröseln. Über den Feta den Spinat geben. Zum Servieren den Blutorangensaft sowie das Sesamöl darüber träufeln.

Chilikäse vom Grill

Zutaten für 1 Portion:
Limettenabrieb/1/2 TL Koriandersamen/100 g Halloumi/1/2 TL Senfsamen/1 EL Distelöl
1/2 TL Fenchelsamen/1/2 TL gehackter Rosmarin/1 Msp. Bockshornklee/1 Chilischote

Zubereitung:
Die Chilischote waschen und hacken. Den Rosmarin mit dem Koriandersamen, der Chilischote, dem Senfsamen, dem Bockshornklee sowie dem Fenchelsamen mörsern. Danach das Distelöl einrühren und den Käse damit bestreichen. Den Käse für 4 Minuten grillen. Danach mit dem Limettenabrieb garnieren.

Gefüllte Käse-Birne

Zutaten für 1 Portion:
Pfeffer/1 Birne/1 TL gehackte Petersilie/15 g gehackte, geröstete Walnüsse/1 Msp. scharfes Paprikapulver/1 Msp. geriebener Ingwer/1 EL Frischkäse/10 g Gorgonzola

Zubereitung:
Die Birne entkernen. Die restlichen Zutaten miteinander mischen und in die Birne füllen. Diese bei geschlossenem Deckel für 20 Minuten bei 180 °C grillen.

Gegrilltes Gemüse

Zutaten für 1 Portion:

geriebener Parmesan/4 Champignons/2 EL Olivenöl/2 Schalotten/Basilikum/2 EL Balsamicoessig/Oregano/1 Tomate/Salz und Pfeffer/2 Mini-Mozzarella-Kugeln/2 Scheiben Parmaschinken/2 Sardinen/3 Auberginenscheiben

Zubereitung:

Die Schalotten schälen. Die Champignons mit den Schalotten und dem Balsamicoessig mischen. Diese über Nacht marinieren. Die Tomaten aushöhlen und mit Salz und Pfeffer würzen. Danach die Mozzarella-Kugeln hineingeben. Die Sardinen mit Olivenöl bestreichen. Diese ebenfalls mit Salz und Pfeffer würzen. Die Champignons sowie die Tomaten und die Sardinen auf eine Grillschale geben und für 10 Minuten grillen. Die Auberginenscheiben für 2 Minuten von jeder Seite grillen. Das Gemüse anrichten und mit dem Basilikum, dem Parmaschinken sowie dem Oregano garnieren. Danach mit dem Olivenöl beträufeln und den Parmesan darüber streuen.

Margherita-Schiffchen aus dem Grill

Zutaten für 1 Portion:

1 EL Olivenöl/80 g fertiger Pizzateig/Basilikum/2 EL passierte Tomaten/25 g Mozzarella 1 Prise Vanillezucker/Salz und Pfeffer/1 Msp. Chilipulver/Oregano/Thymian

Zubereitung:

Zuerst den Teig ausrollen. Danach den Pizzateig zu einem Schiff formen. Die Tomaten mit Salz, Pfeffer, Vanillezucker, Thymian, Chilipulver sowie Oregano verrühren. Die Tomatenmasse auf den Teig streichen. Den Mozzarella abtropfen lassen und in Scheiben schneiden. Diesen auf die Tomaten verteilen und auf dem Grill für 8 Minuten bei geschlossenem Deckel für 220 °C grillen. Vor dem Servieren mit Olivenöl sowie Basilikum garnieren.

Gefüllte Käse-Kartoffeln

Zutaten für 1 Portion:

1 EL Bergkäse/1 Kartoffel/1 Msp. Chilipulver/20 g Romanesco/Salz/1 Frühlingszwiebel
1 EL Crème fraîche

Zubereitung:

Die Kartoffel schälen und abtrocknen. Danach halbieren und aushöhlen. Anschließend den Romanesco in Röschen teilen. Die Frühlingszwiebel waschen und in Ringe schneiden. Beides mit der Crème fraîche sowie dem Chilipulver und dem Salz mischen. Die Masse in die Kartoffeln geben und den Käse darüber streuen. Die gefüllten Kartoffeln für 20 Minuten auf dem Grill garen.

Würziger Mais

Zutaten für 1 Portion:

1 Rosmarinnadel/1/2 Maiskolben/1 Knoblauchzehe/Salz und Pfeffer/1 EL Olivenöl

Zubereitung:

Das Grillrost erhitzen. Den Mais mit Salz und Pfeffer würzen. Den Mais auf das Rost legen und für 12 Minuten grillen. Den Knoblauch schälen und mit dem Öl sowie der Rosmarinnadel pürieren. Den Mais mit dem Knoblauchöl während des Grillens bestreichen.

Kokos-Curry-Kohlrabi

Zutaten für 1 Portion:
Salz und Pfeffer/100 g Kohlrabi/1 Prise Kardamom/1 EL Kokosöl/1 TL gelbes Currypulver/1 EL Kokosmilch

Zubereitung:
Den Kohlrabi schälen und in Scheiben schneiden. Die Kokosmilch mit dem Öl, Salz, Pfeffer, Currypulver und Kardamom mischen. Die Kohlrabischeiben mit der Kokosmilch-Mischung einpinseln und für 10 Minuten ruhen lassen. Danach die Kohlrabischeiben für 10 Minuten unter Wenden grillen.

Bratkartoffeln mit Curry

Zutaten für 1 Portion:
2 EL Kokosöl/100 g Kartoffeln/1 Prise Zucker/1 TL rote Currypaste

Zubereitung:
Zuerst die Kartoffeln waschen, abtrocknen und in Scheiben schneiden. Die Currypaste mit dem Öl sowie dem Zucker mischen. Die Kartoffeln in der Paste wenden und für 18 Minuten unter Wenden grillen.

Chili-Kartoffeln

Zutaten für 1 Portion:
2 EL Butter/100 g Kartoffeln/1 rote Chilischote/Salz/1 Knoblauchzehe

Zubereitung:
Die Kartoffeln waschen, abtrocknen und halbieren. Die Chilischote waschen und hacken. Den Knoblauch schälen und hacken. Beides mit der Butter sowie dem Salz verrühren. Die Kartoffeln auf der Schnittfläche für 30 Minuten grillen. Danach mit der Knoblauch-Chili-Butter garnieren.

Gefüllter Tomaten-Erdnuss-Reis

Zutaten für 1 Portion:
Salz und Pfeffer/1 Tomate/1 TL gehackter Liebstöckel/30 g gekochter Reis/1 TL gehackte Erdnüsse/1 TL geriebener Parmesan

Zubereitung:
Von den Tomaten einen Deckel abschneiden und die Tomaten aushöhlen. Den Reis mit den restlichen Zutaten mischen und in die Tomaten geben. Den Deckel wieder auf die Tomaten setzen. Die gefüllten Tomaten für 10 Minuten bei 200 °C grillen.

Marinierte Grillpilze

Zutaten für 1 Portion:
Salz und Pfeffer/50 g Champignons/1 TL Oregano/50 g Kräuterseitlinge/1 EL Balsamicoessig/2 EL Olivenöl/1 EL Worcestersauce

Zubereitung:
Die Kräuterseitlinge sowie die Champignons waschen und in Scheiben schneiden. Die restlichen Zutaten zu einer Marinade mischen. Die Pilze in der Marinade wenden und anschließend für 6 Minuten von beiden Seiten grillen.

Brokkoli mit Sesam

Zutaten für 1 Portion:
1 Msp. gemahlener Kurkuma/100 g wilder Brokkoli/1 Msp. Chilipulver/1 EL Sesamöl/1 EL Sojasauce
2 EL geröstete Sesamsamen/1 Knoblauchzehe

Zubereitung:
Den Brokkoli für 6 Minuten von allen Seiten grillen. Die übrigen Zutaten mischen und den fertigen Brokkoli damit garnieren.

Gegrillte Kartoffel mit Avocadocreme

Zutaten für 1 Portion:
1 EL Koriander/1 Kartoffel/1 TL Limettensaft/Salz und Pfeffer/1 Chilischote/1/4 Avocado/2 Knoblauchzehen/1 EL Schmand

Zubereitung:
Die Kartoffel waschen und abtrocknen. Danach mit Salz und Pfeffer würzen. Anschließend die Kartoffel in Alufolie wickeln und für 40 Minuten bei 180 °C grillen. Den Knoblauch schälen und hacken. Die Chilischote waschen und hacken. In der Zeit das Avocadofruchtfleisch herauskratzen und mit dem Schmand dem Limettensaft, dem Knoblauch, dem Koriander sowie der Chilischote zerdrücken. Die Kartoffeln aufschneiden und mit der Avocadocreme servieren.

Schwarzwurzel-Tomaten-Päckchen

Zutaten für 1 Portion:
2 EL Zitronenöl/100 g Schwarzwurzel/Salz und Pfeffer/5 Kirschtomaten/1 Rosmarinzweig

Zubereitung:
Zuerst die Schwarzwurzel schälen und klein schneiden. Die Kirschtomaten mit der Schwarzwurzel sowie dem Rosmarin auf Alufolie legen. Darüber Salz, Pfeffer sowie das Zitronenöl geben und das Päckchen verschließen. Dieses für 30 Minuten grillen.

Kürbis mit Zimt

Zutaten für 1 Portion:
1 EL Chiliöl/100 g Hokkaidokürbis/Zimt/Salz und Pfeffer/Muskatnuss

Zubereitung:
Den Kürbis in Scheiben schneiden und mit Zimt, Salz, Pfeffer und Muskat würzen. Den Kürbis von beiden Seiten für 3 Minuten grillen. Vor dem Servieren mit dem Chiliöl garnieren.

Kokos-Süßkartoffel

Zutaten für 1 Portion:
1 Msp. Koriander/100 g Süßkartoffel/Cayennepfeffer/1 EL Kokosöl/Salz/1 TL Limettensaft

Zubereitung:
Zuerst die Süßkartoffel in Scheiben schneiden. Das Kokosöl mit dem Koriander, Salz, Limettensaft und Cayennepfeffer mischen. Die Süßkartoffeln hineingeben und marinieren. Danach aus der Marinade nehmen und für 15 Minuten grillen.

Salate

Matjes-Apfel-Salat

Zutaten für 1 Portion
1 EL Mayonnaise / 1 Matjesfilet / 1 EL Crème fraîche / ½ Apfel / ¼ rote Zwiebel

Zubereitung:
Das Matjesfilet zuerst klein schneiden. Die Zwiebel schälen und würfeln. Den Apfel schälen, das Kerngehäuse entfernen. Danach den Apfel klein schneiden. Die Crème fraîche mit der Mayonnaise verrühren. Die restlichen Zutaten einrühren und den Salat vor dem Servieren einige Stunden ruhen lassen.

Radieschen-Matjes-Salat

Zutaten für 2 Portionen:
Einige Salatblätter / ½ Lauchzwiebel / Zitronenschnitze / ¼ Bund Radieschen / 2 Matjesfilets / ¼ Bund Petersilie / ¼ Salatgurke / ¼ Bund Dill / ½ TL mittelscharfer Senf / 115 g Vollmilch-Joghurt / Zitronensaft / Salz / weißer Pfeffer

Zubereitung:
Die Lauchzwiebel waschen und in Scheiben schneiden. Die Radieschen waschen und in Stifte schneiden. Die Kräuter waschen und hacken. Die Lauchzwiebeln mit dem Joghurt und den Radieschen mischen. Danach den Dill sowie die Petersilie untermischen. Die Joghurtsoße mit Salz, Senf sowie dem Zitronensaft abschmecken. Die Gurke waschen und in Scheiben schneiden. Die Gurkenscheiben auf einem Teller verteilen. Das Matjesfilet darauf legen und die Joghurtsoße darüber geben. Zum Schluss mit den Kräutern sowie den Salatblätter und den Zitronenschnitzen garnieren.

Fenchel-Orangen-Salat

Zutaten für 1 Portion

Salz / 1 Fenchelknolle / Pfeffer / 1 Orange / 1 TL Honig / 1 TL Zitronensaft

Zubereitung:

Den Fenchel waschen und in Ringe schneiden. Die Orange schälen und filetieren. Die Orange mit dem Fenchel mischen. Den Honig mit Zitronensaft erwärmen und schmelzen lassen. Das Honig-Dressing über den Fenchel geben und den Salat mit Pfeffer würzen.

Hähnchen-Spargel-Salat

Zutaten für1 Portion:

Süßstoff / 75 g gekochtes Hähnchenfleisch / Curry / 60 g Mandarinen / Pfeffer / 100 g Spargel / Salz / 5 g Öl / Zitronensaft / 50 g Vollkorntoast

Zubereitung:

Wasser aufkochen und den Spargel darin garen. Den Spargel abschütten und das Spargelwasser auffangen. Die Mandarinen schälen und klein schneiden. Das Hähnchenfleisch sowie den Spargel ebenfalls klein schneiden. Das Öl, den Zitronensaft, etwas Spargelwasser sowie Süßstoff und die Gewürze verrühren. Das Hähnchenfleisch mit dem Spargel sowie den Mandarinen vermischen. Das Dressing unterrühren und den fertigen Salat mit dem Vollkorntoast anrichten.

Scharfer Hühnerleber-Salat

Zutaten für 1 Portion;
Pfeffer / 65 g Hühnerleber / Meersalz / 1 EL Chili-Öl / 1 TL Weißweinessig / ¼ Chilischote in Öl / 1 TL Butter / ½ Knoblauchzehe / 1 TL Olivenöl / ½ Frühlingszwiebel / 90 g Salatblätter / Koriandergrün

Zubereitung:
Die Leber waschen, abtrocknen und die Sehnen entfernen. Danach die Hühnerleber in Scheiben schneiden. In einer Pfanne das Chili-Öl erhitzen. Die Chilischote entkernen und hacken. Den Knoblauch schälen und hacken. Beides in dem Öl anbraten. Die Frühlingszwiebel waschen und klein schneiden. Das Koriandergrün hacken. Dieses mit der Frühlingszwiebel zu dem Knoblauch geben. Danach die Leber hinzugeben und braten. Den Salat waschen und anrichten. Darüber das Olivenöl träufeln und Salz darüber streuen. Die Leber auf den Salat geben. In derselben Pfanne die Butter erhitzen und mit dem Essig ablöschen. Die Soße einkochen lassen und würzen. Zum Schluss die Soße über den Salat geben und servieren.

Nudelsalat mit Hähnchenfleisch

Zutaten für 1 Portion:
½ TL gehackte Schalotten / 1 EL Öl / gehackte Petersilie / 100 g Makkaroni / Pfeffer / 125 g abgebrühtes Mischgemüse / Senf / 85 g gekochtes Hühnchen / getrocknete Majoran-Blätter / 35 g Käse / 1 EL Estragon-Essig / ½ Stange Sellerie / 20 ml Öl

Zubereitung:
Den Käse sowie das Fleisch würfeln. Den Sellerie waschen und in Scheiben schneiden. Wasser mit Öl in einem Topf aufkochen und die Nudeln darin nach Anweisung kochen. Die Nudeln abschütten und abkühlen lassen. Die fertigen Nudeln mit dem Gemüse, dem Hühnerfleisch sowie dem Käse und dem Sellerie mischen. Die Schalotten mit dem Öl, der Petersilie, dem Essig, dem Senf, Majoran-Blätter sowie dem Pfeffer verrühren. Das Dressing über den Salat geben und verrühren.

Kartoffelsalat mit Oliven

Zutaten für 1 Portion:
Thymian / 200 g Pellkartoffeln / Rosmarin / 80 g Tomaten / Basilikum / 20 g Lauchzwiebeln / Knoblauch / 20 g schwarze Oliven / Pfeffer / 30 g Parmaschinken / Salz / 2 EL Olivenöl / 1 TL Weißweinessig

Zubereitung:
Die Kartoffeln schälen und in Scheiben schneiden. Die Tomaten und die Lauchzwiebeln waschen und klein schneiden. Die Oliven abtropfen lassen. Den Parmaschinken in Streifen schneiden. Den Knoblauch schälen und hacken. Die Zutaten mischen. Das Olivenöl mit dem Weißweinessig, Pfeffer, Salz sowie dem Knoblauch und den Kräutern verrühren. Den Salat mit dem Dressing verrühren und servieren.

Gemischter Obstsalat

Zutaten für 1 Portion:
2 EL Haselnusskerne / 3 getrocknete Aprikosen / 2 EL Sahne / 5 Erdbeeren / 2 TL Sanddornsaft mit Honig / 2 Scheiben Ananas / 1 TL Zitronensaft / 1 Orange

Zubereitung:
Die Trockenfrüchte in Wasser geben und über Nacht darin einweichen lassen. Die Erdbeeren waschen und halbieren. Die Ananas würfeln. Die Orange schälen, die weiße Haut entfernen und in Spalten schneiden. Die Trockenfrüchte ebenfalls klein schneiden. Den Sanddornsaft mit der Sahne sowie dem Zitronensaft verrühren. Das Obst unterrühren und den Obstsalat mit den Haselnusskernen garnieren.

Nudelsalat mediterraner Art

Zutaten für 1 Portion:
Basilikum / 125 g Nudeln / Petersilie / 125 g Cherrytomaten / Pfeffer / 50 g Schafskäse / Salz / 50 g schwarze Oliven / 2 EL Olivenöl / 1 Zwiebel / 2 EL Zitronenessig / 1 Knoblauchzehe / 4 EL Gemüsebrühe / 2 EL Zitronenessig

Zubereitung:
Die Nudeln nach Anweisung kochen und abschrecken. Die Zwiebel sowie den Knoblauch schälen und würfeln. Beides unter die Nudeln heben. Die Gemüsebrühe mit Salz, Pfeffer, Olivenöl sowie Zitronenessig mischen. Das Dressing unter die Nudeln mischen. Die Tomaten waschen und halbieren. Den Schafskäse würfeln. Die Kräuter waschen und hacken. Den Nudelsalat mit dem Schafskäse, den Kräutern sowie den Tomaten mischen. Den fertigen Salat im Kühlschrank über Nacht ziehen lassen. Danach servieren.

Nudel-Schinken-Salat

Zutaten für 1 Portion:
2 Petersilienstiele / 125 g Möhren / ½ TL Senf / 40 g Vollkorn-Hörnchen-Nudeln / 1 TL Tomatenmark / Salz / 125 g Magermilchjoghurt / weißer Pfeffer / 40 g Bierschinken / 60 g gefrorene Erbsen

Zubereitung:
Die Möhren schälen und klein schneiden. Salzwasser aufkochen und die Nudeln mit den Möhren darin für 8 Minuten garen. Danach die Erbsen hinzugeben und für weitere 2 Minuten garen. Den Bierschinken würfeln. Den Joghurt mit dem Senf sowie dem Tomatenmark mischen. Das Dressing mit Salz sowie Pfeffer würzen. Die Petersilie waschen und hacken. Diese unter das Dressing rühren. Die Nudeln mit dem Gemüse abgießen und abschrecken. Beides abtropfen und abkühlen lassen. Danach den Bierschinken sowie das Dressing untermischen und den fertigen Nudel-Schinken-Salat ziehen lassen.

Lauch-Salat mit Apfel

Zutaten für 1 Portion:
Salz / 100 g Lauch / Pfeffer / 1 saurer Apfel / 2 TL Zitronensaft / ½ Dose Mais / ½ EL
Remoulade / 60 g Emmentaler / 150 g saure Sahne / 1 Ei

Zubereitung:
Den Lauch waschen und in Ringe schneiden. Salzwasser aufkochen und den Lauch darin
blanchieren. Danach den Lauch abschrecken und abtropfen lassen. Den Apfel schälen,
entkernen und in Scheiben schneiden. Den Apfel mit dem Lauch mischen. Den Mais waschen und ebenfalls zu dem Lauch geben. Den Emmentaler in Streifen schneiden und unter den Salat mischen. Das Ei hart kochen, pellen und würfeln. Das Ei zu dem Salat geben. Die saure Sahne mit dem Zitronensaft und der Remoulade verrühren. Das Dressing
mit Salz und Pfeffer würzen. Den Salat mit dem Dressing mischen und ziehen lassen.

Bunter Eisbergsalat

Zutaten für 1 Portion:
30 g Schafskäse / ½ Kopf Eisbergsalat / Pfeffer / ¼ Salatgurke / Salz / 1 Tomate / 1 TL
gehackte Kräuter / ½ grüne Paprika / ½ EL Öl / 1 Zwiebel / ½ TL Senf / 2 schwarze Oliven / 1 EL Weißweinessig

Zubereitung:
Den Salat waschen und die Blätter klein zupfen. Die Gurke schälen und klein schneiden.
Die Tomate waschen und vierteln. Die Paprika entkernen, waschen und in Streifen
schneiden. Die Zwiebel schälen und in Ringe schneiden. Die Oliven entkernen. Den Senf
mit dem Essig, dem Öl, den Kräutern, Salz sowie Pfeffer mischen. Den Salat mit den Tomaten, der Gurke und der Paprika vermischen. Darüber die Oliven und Pfeffer geben.
Den fertigen Salat mit dem Dressing übergießen und den Schafskäse darüber bröckeln.

Puten-Caesar-Salat

Zutaten für 1 Portion:

2 EL Essig / 125 g Putenschnitzel / 1 TL Senf / 2 Scheiben Vollkorntoast / 1 Eigelb / 2 TL Öl / 30 g Parmesan / Salz / Pfeffer / ½ Kopfsalat

Zubereitung:

Das Schnitzel und den Toast in Würfel schneiden. In einer Pfanne 1 TL Öl erhitzen und den Toast darin rösten. Das restliche Öl in einer separaten Pfanne erhitzen und das Fleisch darin anbraten. Danach das Putengeschnetzelte würzen. Den Salat waschen und klein schneiden. Den Parmesan hobeln. Den Senf mit dem Eigelb sowie dem Essig mischen. Das Dressing mit Salz und Pfeffer würzen. Den Salat mit dem Toast sowie dem Geschnetzelten und dem Dressing mischen.

Lachssalat

Zutaten für 1 Portion:

3 Kerbelzweige / 50 g gemischte Salatblätter / 1 ½ EL Olivenöl / 2 Radieschen / 1 Msp. Senf / 1 Rote Bete Knolle aus dem Glas / ¼ TL Honig / 100 g Lachsfilet / 1 EL Balsamico-Essig / Salz / 1 Schalotte / Pfeffer / 1 TL Sonnenblumenöl / 1 EL Sesam

Zubereitung:

Den Salat waschen und klein schneiden. Die Radieschen waschen und in Scheiben schneiden. Die Rote Bete abtropfen lassen und vierteln. Den Lachs waschen, abtrocknen und würzen. Danach den Lachs in dem Sesam wälzen. Das Sonnenblumenöl erhitzen und den Lachs darin von jeder Seite für 3 – 4 Minuten anbraten. Danach aus der Pfanne nehmen. Die Schalotte schälen und würfeln. Diese mit dem Senf, dem Honig, Salz, Pfeffer sowie dem Essig verrühren. Das Olivenöl unterschlagen. Den Kerbel waschen und abtrocknen. Etwas zur Seite legen und den restlichen Kerbel hacken. Diesen unter das Dressing mischen. Die Zutaten für den Salat anrichten und den Dressing darüber träufeln. Den Lachs in Scheiben schneiden und über den Salat geben. Darüber den restlichen Kerbel streuen.

Fruchtiger Feldsalat mit Kochschinken

Zutaten für

Etwas Petersilie / 100 g Feldsalat / Pfeffer / 70 g Orange / Salz / 20 g Kochschinken / Senf / 4 EL Kräuteressig / 1 EL Walnussöl

Zubereitung:

Den Feldsalat waschen und abtropfen lassen. Die Orange schälen, das Weiße entfernen und die Orange klein schneiden. Die Orange mit dem Feldsalat mischen. Aus dem Öl und dem Essig mit den Gewürzen ein Dressing herstellen. Den Senf einrühren und über den Salat gießen. Die Petersilie waschen, hacken und den Salat damit garnieren.

Champignon-Zucchini-Salat

Zutaten für 1 Portion:

Dill / 100 g Champignons / Petersilie / 20 g Zucchini / Essig / 10 g Zwiebel / Salz / 20 g saure Gurke / 1 TL Olivenöl

Zubereitung:

Die Champignons waschen und in Scheiben schneiden. Die saure Gurke in Stifte schneiden. Die Zucchini waschen und ebenfalls in Stifte schneiden. Die Zwiebel schälen und würfeln. Die Kräuter waschen und hacken. Alle Zutaten mischen und den Salat im Kühlschrank für 2 Stunden abgedeckt ziehen lassen. Den Salat anrichten und servieren.

Hühnchen-Salat

Zutaten für 1 Portion:
30 g gegrilltes Hühnerfleisch / 1 Eisbergsalat / 30 g gekochter Schinken / 1 Tomate / Brunnenkresse / 1 Gurke / 3 Radieschen / Pfeffer / Öl / Salz / Weinessig / 1 TL Senf / 10 g Sahne / ½ Knoblauchzehe / 1 TL Schnittlauch

Zubereitung:
Den Eisbergsalat waschen und klein schneiden. Wasser aufkochen und die Tomate damit übergießen. Die Tomate häuten und das Fruchtfleisch in Achtel schneiden. Die Gurke waschen und in Scheiben schneiden. Das Öl mit dem Senf verrühren. Die restlichen Zutaten hinzugeben und mischen. Den Salat ziehen lassen und auf einem Teller anrichten. Die Radieschen, den Schinken und das Hühnerfleisch darüber geben und den Salat mit der Brunnenkresse garnieren.

Endiviensalat mit Grapefruit

Zutaten für 1 Portion:
2 EL Orangensaft / ½ Grapefruit / Salz / 100 g Endiviensalat / Pfeffer / 100 g Fenchel / Süßstoff / 3 EL Weißweinessig / 1 EL Mandelblättchen

Zubereitung:
Die Grapefruit schälen und die Filets herausschneiden, dabei den Saft auffangen. Den Grapefruitsaft mit Orangensaft, Essig, Salz, Süßstoff sowie Pfeffer mischen. Das Dressing abschmecken. Den Endiviensalat waschen und klein schneiden. Den Fenchel halbieren, den Kern entfernen und in Streifen schneiden. Den Endiviensalat mit der Grapefruit und dem Fenchel mischen. Darüber das Dressing geben. In einer Pfanne die Mandelblättchen rösten und über den Salat streuen.

Gurken-Schafskäse-Salat

Zutaten für 1 Portion:
Pfeffer / ½ Salatgurke / 1 TL Oregano / 1 grüne Paprikaschote / 5 schwarze Oliven / 2 Tomaten / 2 EL Olivenöl / 1 Zwiebel / ½ TL Salz / 75 g Schafskäse / 2 EL Weinessig

Zubereitung:
Das Gemüse waschen. Die Gurke und die Tomaten in Würfel schneiden. Die Paprika entkernen und in Streifen schneiden. Die Zwiebel schälen und in Ringe schneiden. Die Zwiebel mit der Gurke, der Tomate sowie der Paprika mischen. Den Schafskäse würfeln und mit dem Salat sowie den Oliven mischen. Das Essig mit dem Olivenöl sowie Salz und Pfeffer mischen. Danach den Oregano unterrühren und das Dressing über den Salat geben. Den fertigen Salat vor dem Servieren für 60 Minuten ziehen lassen.

Gemüse-Mango-Salat

Zutaten für 1 Portion:
2 EL Salatkräuter / 1 Pck. gefrorenes Balkangemüse / Salz / ½ gebratenes Hähnchen /
3 EL Kondensmilch / 200 g Edamer / 2 EL Mango-Soße / 2 EL Mayonnaise

Zubereitung:
2 Tassen Wasser aufkochen und das Gemüse darin für 10 Minuten kochen lassen. Das fertige Gemüse abtropfen lassen und abschrecken. Die Haut des Hähnchens entfernen und das Fleisch von den Knochen entfernen. Danach das Hähnchenfleisch würfeln. Den Käse in Streifen schneiden. Die Mango-Soße mit der Mayonnaise, der Kondensmilch und den Salatkräutern mischen. Das Dressing mit Salz abschmecken und über den Salat geben.

Tomatensalat

Zutaten für 1 Portion:

Zucker / 2 Frühlingszwiebeln / weißer Pfeffer / 200 g Tomaten / Salz / 3 EL Maiskörner aus der Dose / ½ TL mittelscharfer Senf / 50 g Käsestifte / 1 EL Aceto Balsamico / 1 Scheibe Weizenvollkorntoast / 2 EL Olivenöl / 1 Knoblauchzehe

Zubereitung:

Die Frühlingszwiebeln waschen und in Röllchen schneiden. Die Tomaten waschen und in Spalten schneiden. Diese mit der Frühlingszwiebel mischen. Die Maiskörner abtropfen lassen und zu den Tomaten geben. Danach den Käse unterheben.Den Balsamicoessig mit dem Olivenöl, Zucker, Senf, Salz und Pfeffer mischen. Den Salat mit dem Dressing mischen und anrichten. Den Toast rösten. Den Knoblauch schälen und das Toastbrot damit einreiben. Den Toast würfeln und über den Salat streuen.

Auberginen-Walnuss-Salat

Zutaten für 1 Portion:

Petersilie / 1 Aubergine / Salz / 1 Zwiebel / Pfeffer / 1 EL Walnüsse / 2 EL Essig / 1 Knoblauchzehe / /4 EL Olivenöl / 1 TL Senf

Zubereitung:

Die Aubergine waschen und mehrfach einstechen. Danach die Auberginen in Alufolie wickeln und für 30 Minuten bei 175 °C backen. Die Aubergine schälen und das Fruchtfleisch würfeln. Danach die Aubergine mit Salz sowie Pfeffer würzen. Aus dem Olivenöl, dem Essig sowie dem Senf ein Dressing zubereiten. Dieses über die Auberginen geben. Die Zwiebel sowie den Knoblauch schälen und würfeln. Die Walnüsse unter den Salat mischen und diesen für 2 Stunden ziehen lassen. Vor dem Servieren den Salat mit Salz, Petersilie sowie Pfeffer abschmecken.

Kürbis-Apfel-Salat

Zutaten für 1 Portion:

1 EL Apfelessig / 175 g Kürbis / 1 EL Nussöl / ¼ roter Apfel / ¼ Zitrone / 15 g gehackte Nüsse

Zubereitung:

Die Zitrone auspressen und den Saft auffangen. Den Apfelsaft mit dem Zitronensaft sowie dem Öl verrühren. Den Kürbis schälen, entkernen und das Fruchtfleisch raspeln. Dieses unter das Dressing mischen. Den Apfel waschen, entkernen und in Stifte schneiden. Den Apfel zu dem Salat geben und mit den Nüssen garnieren.

Cremiger Lauchsalat

Zutaten für 1 Portion:

1 Stange Lauch / 150 g Crème fraîche / Salz / 1 hartgekochtes Ei / 1 Bund Petersilie

Zubereitung:

Den Lauch waschen. Das weiße des Lauchs klein schneiden. Dieses mit Salz bestreuen und für 15 Minuten ziehen lassen. Die Crème fraîche mit dem Lauch mischen. Das Ei zerkleinern. Die Petersilie waschen und hacken. Beides über den Salat geben und anrichten.

Rucola-Tomaten-Salat

Zutaten für 1 Portion:

1 EL Olivenöl / 1 Handvoll Rucola-Salat / 2 EL Pinienkerne / 20 g gehobelter Parmesan / 5 EL Balsamicoessig / 2 Tomaten / 2 EL Honig

Zubereitung:

Den Rucola waschen. Die Tomaten waschen und würfeln. Den Salat mit dem Parmesan sowie den Tomaten mischen. Den Balsamicoessig mit dem Honig verrühren. Das Dressing über den Salat geben. Olivenöl in einer Pfanne erhitzen und die Pinienkerne darin rösten. Den Salat anrichten und mit den Pinienkernen garnieren.

Paprika-Rindfleisch-Salat

Zutaten für 1 Portion:

Pfeffer / 50 g Rindfleisch / Salz / 100 g Paprikaschote / Essig / 1 Ei / 10 g Zwiebeln / 50 g Tomaten / 1TL Öl

Zubereitung:

Salzwasser aufkochen und das Rindfleisch darin garen. Danach in dem Wasser abkühlen lassen. Das Rindfleisch in Streifen schneiden. Das Ei hart kochen und würfeln. Die Paprika entkernen, waschen und in Streifen schneiden. Wasser aufkochen und die Tomaten damit übergießen. Danach die Tomaten häuten und das Fruchtfleisch würfeln. Die Zwiebel schälen und würfeln. Den Essig mit 2 EL Rinderbrühe, Öl, Salz und Pfeffer verrühren. Die Salatzutaten mischen. Das Dressing über den Salat geben und für 2 Stunden ziehen lassen.

Radicchio-Champignon-Salat

Zutaten für 1 Portion:
1 TL Kapern / 1 Kopf Radicchio / 1 Prise Zucker / 1 Frühlingszwiebel / Pfeffer / 50 g Champignons / Salz / 6 Cocktailtomaten / 2 EL Sherryessig / 100 g Putenbrust / 2 EL Sonnenblumenöl / grober Pfeffer

Zubereitung:
Den Radicchio waschen und in Streifen schneiden. Die Frühlingszwiebel klein schneiden. Die Champignons waschen und in Scheiben schneiden. Die Putenbrust in Streifen schneiden. Öl in einer Pfanne erhitzen und die Putenbrust darin für 2 – 3 Minuten anbraten. Das Öl mit dem Essig sowie Zucker, Salz und Pfeffer vermischen. Den Radicchio mit dem Gemüse sowie den Tomaten und dem Putenfleisch anrichten. Darüber die Kapern streuen und das Dressing darüber träufeln. Zum Schluss den Salat mit dem groben Pfeffer bestreuen.

Reis-Ananas-Salat

Zutaten für 1 Portion:
3 Mandeln / 30 g Naturreis / 2 Kirschen / 100 ml Wasser / 2 Scheiben Ananas / 1 TL Honig / 2 EL Schlagsahne / Zitronenschale

Zubereitung:
Den Reis in Wasser über Nacht einweichen. Danach aufkochen und für 30 – 40 Minuten bei schwacher Hitze quellen lassen. Den Reis abkühlen lassen. Danach den Reis mit Zitronenschale sowie Honig mischen. Die Schlagsahne unter den Salat rühren. Die Ananas in Viertel schneiden. Die Kirschen waschen. Den Salat mit den Früchten bestreuen. Zum Schluss die Mandeln über den Salat geben und servieren.

Suppen/Eintöpfe

Zucchini-Paprika-Eintopf

Zutaten für 1 Portion:
1 Scheibe Bauernbrot / 200 g Zucchini / 3 Stiele Petersilie / 200 g gelbe Paprikaschote / 3 Stiele Thymian / 200 g Staudensellerie / 1 Lorbeerblatt / 2 Fleischtomaten /
1 EL Olivenöl / 1 Knoblauchzehe

Zubereitung:
Das Gemüse waschen. Wasser aufkochen und die Tomaten damit übergießen. Danach
die Tomaten häuten. Das Gemüse klein schneiden. Den Knoblauch schälen und hacken. Öl in einer Pfanne erhitzen und den Knoblauch darin dünsten. Das Gemüse zu
dem Knoblauch geben und mit dünsten. Mit 50 ml Wasser ablöschen und mit den
Kräutern sowie dem Lorbeerblatt würzen. Das Gemüse mit Salz und Pfeffer würzen.
Danach bei geschlossenem Deckel für 15 Minuten schmoren. Das Brot toasten und
mit dem Eintopf anrichten.

Zucchini-Puten-Eintopf

Zutaten für1 Portion:
Salbeiblätter / 250 g Zucchini / Tabascosoße / 200 g Putenbrustfilet / Pfeffer / 200 ml
Hühnerbrühe/1 Knoblauchzehe / 1 TL Öl

Zubereitung:
Die Salbeiblätter waschen und in Streifen schneiden. Die Zucchini waschen und in
Scheiben schneiden. Das Putenfleisch waschen und würfeln. Den Knoblauch schälen
und hacken. In einem Topf Öl erhitzen und das Putenfleisch darin rundherum anbraten. Den Knoblauch zu dem Fleisch geben und die Salbeistreifen unterrühren. Das
Fleisch mit der Brühe ablöschen. Die Zucchini zu dem Fleisch geben und aufkochen
lassen. Den Topf verschließen und den Eintopf für 5 Minuten köcheln lassen. Danach
mit Tabasco, Salz sowie Pfeffer würzen und mit dem Salbei garnieren.

Champignons-Eintopf nach chinesischer Art

Zutaten für 1 Portion:
1 EL Öl/250 g braune Champignons/weißer Pfeffer/2 – 3 EL Sojasoße / ½ Chilischote/1 kl. Chinakohl/Salz/100 ml Gemüsebrühe

Zubereitung:
Die Champignons waschen und in Scheiben schneiden. Die Chilischote entkernen, waschen und in Streifen schneiden. Den Chinakohl waschen und ebenfalls in Streifen schneiden. In einem Topf das Öl erhitzen und die Champignons mit der Chilischote sowie dem Chinakohl unter Rühren dünsten. Mit der Brühe und der Sojasoße ablöschen. Den Champignon-Eintopf abschmecken und 20 Minuten einkochen.

Kartoffel-Scampi-Suppe

Zutaten für 2 Portionen:
50 g Crème fraîche / 500 ml Rinderbouillon / 60 g Lachsschinken / 225 g gekochte Kartoffeln / 1 EL gehackter Dill / 75 g gefrorene Erbsen / weißer Pfeffer / 50 g ausgelöste Scampi / Salz

Zubereitung:
Die Bouillon aufkochen und die Kartoffeln darin für 4 Minuten erwärmen. Danach die Erbsen hinzugeben. Die Scampi waschen und abtropfen lassen. Die Suppe mit Salz und Pfeffer würzen. Danach die Kräuter einrühren. Die Scampi mit in die Suppe geben und ebenfalls erwärmen. Den Lachsschinken in Streifen schneiden und in Suppentassen geben. Darüber die Suppe gießen und mit Crème fraîche garnieren.

Kartoffel-Eintopf mit Würstchen

Zutaten für 1 Portion:
Kräuter nach Wahl / 250 g Kartoffeln / 1 – 2 EL entrahmte Dickmilch / 1 Möhre / Cayennepfeffer / 1 Zwiebel / Muskat / ½ Stange Lauch / Pfeffer / ½ EL Butter / Salz / ¼ l Brühe / 2 Wiener Würstchen

Zubereitung:
Die Möhren sowie die Kartoffeln schälen und in Scheiben schneiden. Die Zwiebel schälen und hacken. Den Lauch waschen und in Scheiben schneiden. In einem Topf die Butter schmelzen und die Zwiebel darin dünsten. Die Kartoffeln sowie den Lauch und die Möhren hinzugeben. Diese dünsten und mit der Brühe ablöschen. Diese aufkochen lassen und mit Cayennepfeffer, Salz, Muskat und Pfeffer würzen. Den Eintopf für 15 – 20 Minuten köcheln lassen. Die Dickmilch mit den Würstchen in die Suppe geben und für 5 Minuten ziehen lassen. Zum Schluss die Kräuter einrühren und servieren.

Nudel-Garnelen-Suppe

Zutaten für 1 Portion:
Basilikumblätter / 3 rohe Garnelen / Pfeffer / 1 TL Öl / Salz / ½ Zwiebel / 50 g Spaghetti-Nester / 375 ml Geflügelbrühe / 25 g Zuckererbsen / 1 Prise geriebener Ingwer

Zubereitung:
Die Garnelen waschen und schälen. Die Zwiebel schälen und hacken. Die Zuckererbsen ebenfalls klein schneiden. In einem Topf das Öl erhitzen und die Zwiebel darin anbraten. Danach mit der Geflügelbrühe ablöschen und aufkochen. Die Zuckererbsen mit dem Ingwer, den Spaghetti-Nestern sowie den Garnelen hinzugeben und 5 Minuten kochen lassen. Die Suppe mit Salz und Pfeffer würzen. Danach anrichten und mit dem Basilikum garnieren.

Rosenkohl-Rahm-Suppe

Zutaten für 1 Portion:
1 TL Butter / 200 g Rosenkohl / 4 EL Rahm / Salz / 300 ml Gemüsebouillon / 1 Scheibe Weißbrot / Pfeffer / 1 Eigelb

Zubereitung:
Den Rosenkohl waschen. Salzwasser aufkochen und den Rosenkohl darin für 15 bis 20 Minuten kochen. Danach abtropfen lassen und pürieren. Die Gemüsebouillon erhitzen und das Kohlpüree hineingeben. Die Suppe abschmecken und für 3 – 4 Minuten köcheln lassen. Den Rahm mit dem Eigelb verquirlen und in die Suppe geben. Das Eigelb ebenfalls erwärmen. Das Weißbrot würfeln. Butter erhitzen und das Weißbrot darin braten. Die fertige Suppe anrichten und mit dem Weißbrot garnieren.

Einfache Erbsensuppe

Zutaten für 1 Portion:
½ Knoblauchzehe / 250 ml Fleisch- oder Gemüsebrühe / 1 Scheibe Weizenvollkorntoast / 300 g gefrorene Erbsen / 1 Wiener-Würstchen / 1 Pck. gefrorenes Suppengrün

Zubereitung:
In einem Topf die Brühe aufkochen und die Erbsen darin für 10 Minuten kochen lassen. Die Erbsen pürieren. Danach das Suppengrün hinzugeben und für 3 Minuten köcheln lassen. Das Wiener-Würstchen in Scheiben schneiden und zu den Erbsen geben. Eine Pfanne erhitzen und den Toast darin rösten. Danach abkühlen lassen. Den Knoblauch schälen und halbieren. Das Toast mit dem Knoblauch einreiben und würfeln. Die Suppe anrichten und mit dem Toast garnieren.

Erbsen-Nudel-Suppe

Zutaten für 2 Portionen:
150 g Gekochte Suppennudeln / 1 kl. Dose Erbsen / Brühwürfel / Mehl / Butter

Zubereitung:
In einem Topf 1 EL Butter schmelzen lassen. Danach 1 EL Mehl einrühren und dieses unter Rühren bräunen lassen. Die Mischung vom Herd nehmen und mit 500 ml Wasser ablöschen. Die Suppennudeln nach Anweisung zubereiten. Den Brühwürfel sowie die Erbsen hinzugeben und nochmals aufkochen lassen. Die Suppe für 10 Minuten unter Rühren aufkochen lassen. 2 – 3 EL der Suppennudeln in einen Teller geben und die Erbsensuppe darüber geben. Vor dem Servieren die fertige Suppe abschmecken.

Kartoffel-Möhren-Eintopf mit Speck

Zutaten für 1 Portion:
Petersilie / 125 g Kartoffeln / Pfeffer / 50 g Möhren / Salz / ¼ Stange Lauch / 1 Bockwurst / 250 ml Brühe / 50 g Zwiebeln / 15 g geräucherter durchwachsener Speck

Zubereitung:
Die Möhren sowie die Kartoffeln schälen und würfeln. Den Lauch waschen und in Ringe schneiden. Den Speck in Würfel schneiden. Die Zwiebel schälen und klein schneiden. Die Brühe erwärmen und das Gemüse darin für 20 Minuten kochen. In einer Pfanne das Fett erhitzen und den Speck mit den Zwiebeln darin dünsten. Die Bockwurst in Scheiben schneiden und mit in die Pfanne geben. Den Speck mit den Zwiebeln sowie der Bockwurst zu dem Gemüse geben und mit Salz sowie Pfeffer würzen. Die Kräuter wachen und hacken. Diese zu dem Eintopf geben und anrichten.

Gemüse-Kalb-Eintopf

Zutaten für 1 Portion:
2 Liebstöckelzweige / 500 ml Fleischbrühe / 2 Petersilienzweige / 100 g Kalbsfleisch / Pfeffer / 100 g Möhren / 1 TL gekörnte Brühe / 150 g Blumenkohl / 1 Zwiebel / 100 g Kohlrabi / 100 g Kartoffeln / 50 g Sellerie / 50 g Brechbohnen / ½ TL Magarine

Zubereitung:
Das Kalbsfleisch würfeln. Die Fleischbrühe aufkochen und das Fleisch darin garen. Danach das Fleisch aus der Brühe nehmen. Das Gemüse waschen, gegebenenfalls und klein schneiden. Die Kartoffeln schälen und würfeln. Die Kartoffeln mit dem Gemüse zu der Brühe geben. Die Zwiebel schälen und würfeln. In einer Pfanne ½ TL Margarine anbraten und diese ebenfalls in den Eintopf geben. Das Fleisch in den Topf zurückgeben und alles erwärmen. Den Eintopf mit den Gewürzen sowie den Kräutern abschmecken und servieren.

Buchweizennudelsuppe

Zutaten für 1 Portion:
1 TL Sesamsamen / 50 g Buchweizennudeln / Sojasoße / Jodsalz / 100 g Tofu / 350 ml Instant Gemüsebrühe / 2 Lauchzwiebeln / 1 rote Chili / 100 g grüner Spargel / 75 g Zuckerschoten / 100 g Blattspinat

Zubereitung:
Salzwasser aufkochen und die Nudeln darin für 6 Minuten garen. Die Nudeln abschrecken und abtropfen lassen. In einem Topf die Brühe erhitzen. Die Chilischote entkernen und klein schneiden. Diese mit in die Brühe geben. Den Spinat und die Zuckerschoten waschen. Die Zwiebeln schälen und in Ringe schneiden. Den Spargel schälen und die Enden entfernen. Den Spargel mit der Zuckerschote in die Brühe geben und für 2 Minuten garen. Den Tofu würfeln und mit den Zwiebeln sowie dem Spinat ebenfalls in die Brühe geben. Die Suppe für 2 Minuten garen. Danach die Nudeln hinzugeben und für 2 bis 3 Minuten weiter garen. Die fertige Suppe mit der Sojasoße abschmecken und mit dem Sesam garnieren.

Hähnchen-Möhren-Suppe

Zutaten für 1 Portion:
5 g Butter / 1 Hähnchenschenkel / Pfeffer / 1 Karotte / Salz / 1 Zwiebel / 1 Ei / 1 Sellerie / 1 Lauch

Zubereitung:
Den Lauch waschen und klein schneiden. Die Zwiebel sowie die Karotte schälen und ebenfalls klein schneiden. Butter erhitzen und die Zwiebel mit dem Lauch sowie den Karotten darin dünsten. Diese mit 500 ml Salzwasser ablöschen. Den Sellerie reiben und dazu geben. Die Suppe aufkochen lassen. Den Hähnchenschenkel hinzugeben und für 20 Minuten kochen. Danach aus der Suppe nehmen und das Fleisch vom Knochen lösen. Das Fleisch in Streifen schneiden und wieder zurück in die Suppe geben. Die Suppe nochmals aufkochen. Das Ei aufschlagen und vorsichtig in die Suppe rühren. Die fertige Suppe anrichten und servieren.

Kürbis-Sahne-Suppe

Zutaten für 1 Portion:
250 ml Sahne / 600 g Kürbis / 1 Schuss Kürbiskernöl / Salz / 125 ml Weißwein / 1 Zwiebel / Gemüsebrühe

Zubereitung:
Den Kürbis schälen und das Fruchtfleisch würfeln. Die Zwiebel schälen und hacken. In einem Topf die Zwiebel mit dem Kürbis anbraten. Danach mit Weißwein ablöschen und etwas Brühe einrühren. Den Kürbis weich kochen. Die Sahne einrühren und den Kürbis darin pürieren. Die Suppe mit Salz sowie Pfeffer würzen. Die fertige Suppe anrichten und mit dem Kürbiskernöl garnieren.

Lauch-Kartoffel-Suppe

Zutaten für 1 Portion:
1 Prise Zucker / 1 EL Butter / 1 Prise Cayennepfeffer / 1 Stange Lauch / 1 Eigelb / 1 Kartoffel / Pfeffer / 1 Tasse Weißwein / Salz / 125 ml Gemüsebrühe / 1 Msp. Muskat / 2 EL Crème fraîche

Zubereitung:
Den Lauch waschen und klein schneiden. Die Kartoffeln schälen und würfeln. In einer Pfanne die Butter erhitzen und den Lauch darin dünsten. Die Kartoffeln hinzugeben und mit dünsten. Beides mit dem Weißwein ablöschen und die Brühe einrühren. Die Suppe für 10 Minuten bei geschlossenem Deckel köcheln lassen. Einige Lauchstücke aus der Suppe nehmen. Das restliche Gemüse pürieren und nochmals erwärmen. Die Suppe mit Pfeffer, Muskat und Salz würzen. Die Crème fraîche mit dem Eigelb mischen und unter die Suppe ziehen. Diese vom Herd nehmen und nochmals mit Cayennepfeffer sowie etwas Zucker würzen. Die übrigen Lauchstücke zurück in die Suppe geben und servieren.

Möhren-Sahne-Suppe

Zutaten für 1 Portion:
2 EL Sahne / 1 Zwiebel / 1 Eigelb / ½ Knoblauchzehe / Cayennepfeffer / 150 g Möhren / Salz / 1 Apfel / 200 ml Gemüsebrühe / 1 EL Butter / ½ EL Mehl

Zubereitung:
Die Zwiebel sowie den Knoblauch schälen und hacken. Die Möhren schälen und klein schneiden. Die Äpfel schälen, entkernen und das Fruchtfleisch würfeln. In einem Topf die Butter erhitzen und die Zwiebel darin dünsten. Den Knoblauch hinzugeben und rösten. Die Apfelstücke und die Möhren mit in die Pfanne geben und anbraten. Darüber das Mehl stäuben und anschwitzen. Danach mit der Brühe ablöschen und unter ständigem Rühren aufkochen lassen. Danach für 20 Minuten köcheln lassen und die Suppe mit Salz sowie Cayennepfeffer würzen. Die Suppe vom Herd nehmen. Die Äpfel mit den Möhren pürieren. Das Eigelb verquirlen und in die Suppe geben. Die fertige Suppe anrichten und mit der Sahne sowie den Kräutern garnieren.

Tomaten-Reis-Suppe

Zutaten für 1 Portion:

1 TL Cashewkerne / 50 g Basmati-Reis / 100 ml Instant Gemüsebrühe / Salz / 200 ml geschälte Tomaten / 75 g Hähnchenbrustfilet / 1 Chilischote / 1 EL Olivenöl / 1 Zwiebel / Pfeffer / 1 Knollensellerie / ½ Stange Lauch / 1 Möhre

Zubereitung:

100 ml Wasser in einen Topf geben und mit etwas Salz sowie dem Reis aufkochen lassen. Den Reis bei geringer Hitze für 15 Minuten quellen lassen. Das Hähnchenfleisch waschen und abtrocknen. In einer Pfanne 1 TL Öl erhitzen und das Fleisch darin anbraten. Das Fleisch aus der Pfanne nehmen und mit Salz sowie Pfeffer würzen. Die Möhre schälen, den Lauch sowie den Sellerie schälen und klein schneiden. Die Zwiebel schälen und hacken. Die Chili entkernen, waschen und in Ringe schneiden. Das restliche Öl in einer Pfanne erhitzen und die Zwiebel darin dünsten. Den Chili sowie das Suppengemüse hinzugeben und für 4 Minuten dünsten. Die Tomaten zerkleinern und mit dem Saft sowie der Brühe unter das Gemüse mischen. Dieses für 10 Minuten einkochen lassen. Die Cashewkerne hacken. Den Reis abschütten und mit den Kernen mischen. Die Suppe mit Salz sowie Pfeffer würzen. Das Fleisch in Streifen schneiden. Den Reis mit dem Fleisch in einen Suppenteller geben und die Tomatensuppe darüber geben.

Zwiebel-Käse-Suppe

Zutaten für 2 Portionen:

1 TL geriebener Parmesan / 150 g Zwiebeln / 1 Scheibe Vollkorntoast / 1 l Instant-Fleischbrühe / 1 Prise Peperoncino / 2 TL Butter / 1 TL getrockneter Majoran

Zubereitung:

Die Zwiebel schälen und in Scheiben schneiden. Die Fleischbrühe aufkochen und 1 TL Butter mit der Zwiebel sowie den Gewürzen hinzugeben. Die Brühe für 45 Minuten bei geschlossenem Deckel und geringer Hitze köcheln lassen. Das Toastbrot würfeln. In einer Pfanne die restliche Butter erhitzen und das Toast darin rösten. Die Toastwürfel in einen Suppenteller geben und die heiße Suppe darüber gießen. Vor dem Servieren mit dem Parmesan bestreuen.

Hackfleisch-Lauch-Suppe

Zutaten für 1 Portion:

Petersilie / 100 g gemischtes Hackfleisch / Kräuter der Provence / ½ Zwiebel / 65 g Schmelzkäse / ½ Stange Lauch / 65 ml Weißwein / 1 EL Öl / 180 ml Wasser / Salz / Pfeffer

Zubereitung:

Die Petersilie waschen und hacken. Die Zwiebel schälen und in Ringe schneiden. Den Lauch waschen und in Ringe schneiden. In einer Pfanne Öl erhitzen und den Lauch sowie die Zwiebel darin dünsten. Das Hackfleisch hinzugeben und mit anbraten. Das Hackfleisch mit Salz und Pfeffer würzen. Danach für 5 Minuten bei geschlossenem Deckel garen. Das Hackfleisch mit dem Wein sowie dem Wasser ablöschen und aufkochen lassen. Den Schmelzkäse einrühren und die Suppe mit Salz sowie Pfeffer würzen. Danach mit den Kräutern der Provence abschmecken. Die fertige Hackfleisch-Lauch-Suppe mit der Petersilie garnieren.

Zwiebel-Rahm-Suppe

Zutaten für 1 Portion:
350 ml Hühnerbouillon / 1 Zwiebel / 1 EL Petersilie / Pfeffer / 1 TL Mehl / 1 EL Butter / 5 EL Rahm / 1 EL Butter

Zubereitung:
Die Zwiebel schälen und in Scheiben schneiden. Die Butter in einer Pfanne erhitzen und die Zwiebeln darin dünsten. Danach mit Mehl bestäuben und anschwitzen. Die Zwiebel mit der Bouillon ablöschen und würzen. Die Zwiebeln für 15 Minuten bei geringer Hitze kochen lassen. Danach den Rahm einrühren und aufkochen lassen. Die fertige Zwiebel-Rahm-Suppe mit der Petersilie garnieren.

Tomatencremesuppe

Zutaten für 1 Portion:
Zucker / 1 kl. Dose geschälte Tomaten / Salz / ½ Zwiebel / ½ TL eingelegte grüne Pfefferkörner / ½ Knoblauchzehe / 2 ½ EL Sahne / ½ EL Butter

Zubereitung:
Die Zwiebel schälen und hacken. Den Knoblauch schälen und zerdrücken. Die Tomaten passieren. In einer Pfanne die Butter erhitzen und den Knoblauch mit der Zwiebel darin dünsten. Danach die Tomaten hinzugeben und für 8 Minuten köcheln lassen. Die Sahne sowie die Pfefferkörner einrühren und die Tomatencremesuppe mit Salz und etwas Zucker abschmecken.

Desserts

Schokoladentoast

Zutaten für 2 Personen:
50 g Vollmilchschokolade/Toastscheiben/2 TL Marshmallow/2 TL Honig

Zubereitung:
Den Honig auf den Toast schmieren. Die Marshmallows klein schneiden und auf den Toast legen. Die Schokolade darauf verteilen und den Toast für 5 Minuten bei 180 °C grillen.

Nougat-Bananen

Zutaten für 2 Personen:
Zimt/1 Banane/2 EL Nuss-Nougat-Creme/2 Ciabatta-Brötchen/1 EL Butter

Zubereitung:
Zuerst einen Gasgrill auf 180 °C erhitzen. Die Banane schälen und in Scheiben schneiden. In einer Pfanne die Butter schmelzen. Die Banane hineingeben und anbraten. Danach die Banane auf die Brötchen geben und mit der Nuss-Nougat-Creme bestreichen. Die Brötchen abdecken und auf dem Gasgrill für 3 Minuten grillen.

Schoko-Amaretto-Croissant

Zutaten für 2 Personen:
1 Spritzer Amaretto/2 Croissant/1/2 TL Vanillezucker/2 EL Frischkäse/20 g Schokolade

Zubereitung:
Die Schokolade schmelzen und mit dem Frischkäse, etwas Amarettos sowie dem Vanillezucker verrühren. Das Croissant aufschneiden und den Schokoladen-Frischkäse darauf streichen. Einen Gasgrill auf 170 °C erhitzen. Das Croissant für 3 Minuten grillen.

Curry-Chili-Melone

Zutaten für 2 Personen:
Olivenöl/1 Wassermelone/Salz/1 TL Currypulver/1/2 Chiliflocken

Zubereitung:
Zuerst die Wassermelone in Scheiben schneiden. Danach die Schale entfernen. Die Chilischote waschen und hacken. Dann mit dem Currypulver, dem Olivenöl und dem Salz verrühren. Die Wassermelone mit dem Chili-Curry-Öl beträufeln und für 3 Minuten bei 160 °C grillen.

Kokos-Zitronen-Pfannkuchen

Zutaten für 2 Personen:
1/2 TL Vanillemark/120 ml Kokosmilch/Kokosöl/2 Eier/Salz/2 EL Kokosraspeln/1 TL Zitronenschale/2 EL Mehl

Zubereitung:
Zuerst einen Gasgrill auf 180 °C erhitzen. Das Mehl mit der Kokosmilch, den Eiern, dem Vanillemark, der Zitronenschale sowie den Kokosraspeln und etwas Salz verrühren. Das Kokosöl auf einen Gasgrill geben und den Teig portionsweise für 4 Minuten ausbacken.

Bananen-Quark-Pfannkuchen

Zutaten für 2 Personen:
1 TL Honig/1 Banane/Olivenöl/2 EL Quark/1/4 Vanilleschote/2 Eier/1 Prise Salz/2 EL gehackte Mandeln/2 EL Joghurt

Zubereitung:
Das Mark aus der Vanilleschote kratzen. Die Banane schälen und mit den Eiern, dem Quark, den Mandeln, dem Vanillemark sowie etwas Salz verrühren. Einen Gasgrill auf 180 °C erhitzen. Den Teig portionsweise auf dem Grill für 2–3 Minuten ausbacken. Den Joghurt mit dem Honig verrühren und auf die fertigen Pfannkuchen träufeln.

Gegrillte Orangen

Zutaten für 2 Personen:
1 EL Cognac/2 Orangen/2 EL Rapsöl

Zubereitung:
Zuerst den Gasgrill auf 155 °C erhitzen. Die Orangen schälen und in Scheiben schneiden. Die Orangenscheiben mit dem Rapsöl bestreichen und für 5 Minuten grillen. Eine feuerfeste Form vorbereiten und die Orangenscheiben hineingeben. Den Cognac darüber spritzen und die Orangen flambieren.

Obst-Honig-Spieße

Zutaten für 2 Personen:
1 TL Honig/1/4 Ananas/1 TL Zitronensaft/1 Banane/1 Apfel

Zubereitung:
Einen Gasgrill auf 175 °C erhitzen. Die Banane sowie die Ananas schälen und klein schneiden. Den Apfel schälen, entkernen und ebenfalls klein schneiden. Die Holzspieße wässern und das Obst abwechselnd aufspießen. Die Obstspieße bei 150 °C für 5 Minuten grillen.

Karamellisierte Obst-Spieße

Zutaten für 2 Personen:
3–4 Minzblätter/1 Apfel/40 g Zucker/60 g Erdbeeren/1/4 Honigmelone

Zubereitung:
Das Obst klein schneiden. Danach die Obstspieße aufspießen. Einen Grill auf 180 °C erhitzen. In einem Topf den Zucker karamellisieren lassen. Die Obstspieße von allen Seiten grillen. Danach anrichten und mit dem Karamell beträufeln. Zum Schluss die Minze hacken und darüber streuen.

Gegrillte Pfirsiche mit Eis

Zutaten für 2 Personen:
2 Kugeln Eis/2 Pfirsiche/1 TL Honig

Zubereitung:
Einen Gasgrill auf 155 °C erhitzen. Die Pfirsiche entkernen und auf Alufolie legen. Darüber Honig träufeln und die Pfirsiche in die Alufolie wickeln. Danach die Pfirsiche für 5 Minuten grillen. Zum Servieren das Eis anrichten und die gegrillten Pfirsiche darauf drapieren.

Walnuss-Banane

Zutaten für 2 Personen:
Minze/2 Bananen/10 g Zucker/100 g Schokolade/40 g Walnüsse

Zubereitung:
Die Banane schälen und längs einschneiden. Die Bananen aufklappen. Die Schokolade hacken und in die Bananen füllen. Diese auf einem Gasgrill für 5 Minuten bei 160 °C grillen. Die Walnüsse hacken. Zucker in einer Pfanne erhitzen und karamellisieren lassen. Die fertigen Bananen mit den Walnüssen garnieren und die Minze darüber streuen.

Apfeltaschen

Zutaten für 2 Personen:
Olivenöl/1/2 Pk. Blätterteig/Zucker/1 Apfel/Zimt/50 g Schlagsahne/100 g Apfelmus

Zubereitung:
Den Blätterteig ausrollen und in Quadrate schneiden. Den Apfel schälen, entkernen und würfeln. Die Apfelwürfel mit dem Apfelmus verrühren und auf die Hälfte der Blätterteigquadrate streichen. Danach die restlichen Quadrate darauflegen und die Seiten festdrücken. Die Apfeltaschen mit Olivenöl bestreichen. Einen Gasgrill auf 160 °C erhitzen. Die Apfeltaschen für 10 Minuten grillen. Zum Servieren mit Zimt und Zucker bestreuen.

Ananas in Schokoladensauce

Zutaten für 2 Personen:
50 ml Schlagsahne/1/2 Ananas/1 EL Butter/100 g Schokolade/1 TL Zitronensaft

Zubereitung:
Einen Gasgrill auf 175 °C erhitzen. Die Ananas schälen und klein schneiden. Die Schokolade mit der Butter schmelzen und den Zitronensaft einrühren. Die Ananasstücke für 5 Minuten bei 160 °C grillen. Die Ananas anrichten und die Schokoladensauce darüber geben. Das Dessert mit der Schlagsahne garnieren.

Karamellisierter, warmer Obstsalat

Zutaten für 2 Personen:
1 EL brauner Zucker/2 Pfirsiche/2 Pflaumen/2 Nektarinen/2 Apfelsinen

Zubereitung:
Alufolie auf einen Gasgrill legen und diesen auf 175 °C erhitzen. Die Früchte waschen, entkernen und klein schneiden. Die Früchte auf den Grill legen und mit dem Zucker bestreuen. Die Früchte auf dem Grill für 10 Minuten karamellisieren lassen.

Haselnuss-Banane

Zutaten für 2 Personen:
2 TL Haselnusskrokant/2 Bananen/4 Schokoladenstücke

Zubereitung:
Alufolie auf einen Gasgrill legen und diesen auf 175 °C erhitzen. Die Banane längs einschneiden und mit der Schokolade füllen. Darüber das Haselnusskrokant streuen. Die Banane für 10 Minuten grillen.

Rot-weiße Spieße

Zutaten für 2 Personen:
7–8 Minzblätter/8 Erdbeeren/5–6 EL brauner Zucker/Marshmallows

Zubereitung:
Einen Grill auf 200 °C erhitzen. Die Minze waschen und mit dem Zucker mörsern. Die Marshmallows halbieren und in der Zucker-Minz-Mischung wenden. Die Erdbeeren waschen und das Grün entfernen. Die Erdbeeren mit den Marshmallows abwechselnd aufspießen. Die Spieße auf eine Aluschale legen und für 5–10 Minuten grillen.

Erdbeer-Likör-Spieße

Zutaten für 2 Personen:
250 g Erdbeeren/4 EL Bananenlikör/1 Banane

Zubereitung:
Einen Gasgrill auf 175 °C erhitzen. Die Erdbeeren waschen und halbieren. Die Banane schälen und klein schneiden. Die Erdbeeren und die Bananenscheiben abwechselnd aufspießen. Diese mit dem Likör beträufeln. Die Spieße in Alufolie wickeln und von allen Seiten für 5 Minuten grillen.

Keks-Marshmallow-Spieße

Zutaten für 2 Personen:
4 TL Nuss-Nougat-Creme/8 Cookies/Marshmallows

Zubereitung:
Die Cookies mit der Creme bestreichen. Die Marshmallows aufspießen und auf dem Gasgrill schmelzen lassen. Danach diese auf die Cookies legen und servieren.

Gegrillter Bratapfel

Zutaten für 2 Personen:
2 TL gehackte Mandeln/2 Äpfel/1 TL Zitronensaft/1 TL Honig

Zubereitung:
Einen Gasgrill auf 175 °C erhitzen. Die Äpfel kreuzweise einritzen und mit dem Zitronensaft, dem Honig sowie den Mandeln füllen. Die Äpfel in Alufolie wickeln und bei 160 °C für 15–20 Minuten grillen.

Karamellisierte Ananasringe

Zutaten für 2 Personen:
Karamellsauce/1 Ananas/200 g Vanilleeis

Zubereitung:
Zuerst die Ananas schälen und in Scheiben schneiden. Einen Gasgrill auf 160 °C erhitzen. Die Ananas für 3 Minuten grillen. Das Eis anrichten und die Ananas darauflegen. Zum Schluss die Karamellsauce darüber träufeln.

Mandarinen-Quark

Zutaten für 4 Portionen:
1 Dose Mandarinen/250 g Magerquark/200 g Pudding

Zubereitung:
Den Pudding mit dem Quark sowie dem Mandarinensaft verrühren. Die Mandarinen unterheben und im Kühlschrank ruhen lassen.

Mandarinen-Sahne-Dessert

Zutaten für 4 Portionen:
1 Dose Mandarinen/500 g Magerquark/12 Schokoküsse/2 Becher Sahne

Zubereitung:
Die Sahne steif schlagen und mit dem Quark verrühren. Den Waffelboden von den Schokoküssen entfernen und die Schokoladen-Sahne-Masse unter den Quark rühren. Da Dessert anrichten und die Mandarinen darauf verteilen.

Kirsch-Sahne

Zutaten für 6 Portionen:
2 Becher süße Sahne/2 Gläser Sauerkirschen/1 Flasche Eierlikör

Zubereitung:
Die Kirschen abtropfen lassen und mit dem Eierlikör mischen. Die Kirschen für 24 Stunden ziehen lassen. Die Sahne steif schlagen und unter die Kirschen geben.

Kirsch-Quark-Grießpudding

Zutaten für 8 Portionen:
2 Pck. Vanillezucker/500 ml Sahne-Grießpudding Vanillegeschmack/1 Glas Schattenmorellen
500 ml Magerquark

Zubereitung:
Den Pudding mit dem Quark verrühren und den Vanillezucker untermischen. Danach die Schattenmorellen unterheben und den Pudding servieren.

Knusprige Pfirsiche

Zutaten für 4 Portionen:
4 halbe Pfirsiche/100 g Kekse/1 EL Öl/50 g Butter/1 EL Öl

Zubereitung:
Die Kekse zu Bröseln verarbeiten und mit der Butter verkneten. Alufolie mit Öl bestreichen. Die Pfirsiche waschen, entkernen und halbieren. Diese auf die Alufolie legen und die Streusel darüber streuen. Die Alufolie zusammenklappen und für 10 Minuten grillen. Die Früchte anrichten und servieren.

Bonus

Saucen/Dips

Honig-Ketchup

Zutaten:
Cayennepfeffer/1 Zwiebel/Salz/1 Knoblauchzehe/1 Msp. Zimt/250 g Cocktailtomaten/1 Msp. gemahlenes Piment/6 EL Honig/50 ml Himbeeressig/1 EL brauner Zucker/300 g passierte Tomaten/1 EL Tomatenmark

Zubereitung:
Den Knoblauch sowie die Zwiebel schälen und würfeln. Die Cocktailtomaten waschen und vierteln. Den Honig mit dem Zucker in einer Aluschale auf dem Grill erhitzen. Danach die Zwiebeln sowie den Knoblauch hinzugeben und dünsten. Das Tomatenmark hinzugeben. Danach die Tomaten, die passierten Tomaten und den Essig einrühren. Die Masse bei indirekter Hitze einkochen lassen. Danach die Masse passieren und mit dem Piment sowie dem Zimt, Cayennepfeffer und Salz würzen.

Pikanter Curryketchup

Zutaten:

Pfeffer/1 kg Tomaten/1 EL Speisestärke/1/2 Chilischote/1 TL Salz/1 Knoblauchzehe/3 EL Zucker/180 g Zwiebeln/1 EL scharfer Senf/2 EL Öl/60 ml weißer Balsamessig/2 EL Tomatenmark/1 TL Cayennepfeffer/1 TL Koriander/2 TL Cuminpulver/2 TL Kurkuma

Zubereitung:

Wasser aufkochen und die Tomaten damit übergießen. Diese abschrecken und häuten. Danach das Fruchtfleisch würfeln. Die Chilischote entkernen und würfeln. Die Zwiebeln sowie den Knoblauch schälen und würfeln. Öl erhitzen und den Knoblauch mit den Zwiebeln darin dünsten. Danach das Tomatenmark, die Gewürze sowie die Chilischote hinzugeben und anschwitzen. Danach das Salz, die Tomaten, den Zucker, den Essig und den Senf einrühren. Den Ketchup für 15 Minuten unter Rühren köcheln lassen. 2 EL Wasser zu der Stärke geben und verrühren. Diese unter die Sauce geben und für 1 Minute kochen. Den Ketchup abkühlen lassen und pürieren. Zum Schluss den Ketchup nochmals mit Salz und Pfeffer würzen.

Kapern-Salsa

Zutaten:

100 ml Olivenöl/1 Knoblauchzehe/Zucker/1 TL Kapern/Salz/1 Bund Petersilie/2 EL Limettensaft/1 Bund Basilikum/1 TL Limettenschale/1 grüne Chilischote

Zubereitung:

Die Petersilie und das Basilikum waschen. Beides hacken. Den Knoblauch schälen und ebenfalls hacken. Die Kapern hacken. Die Chilischote entkernen und ebenfalls hacken. Alle Zutaten mischen und verrühren. Die Salsa mit Salz und Pfeffer abschmecken.

Frischer Joghurt-Dip

Zutaten:

Salz und Pfeffer/500 ml türkischer Joghurt/2 TL Weißweinessig/1/2 TL Zitronenabrieb/3 Stängel Minze/1–2 EL Zitronensaft/4–5 Stängel Petersilie

Zubereitung:

Den Joghurt mit dem Zitronenabrieb und dem Zitronensaft verrühren. Die Minzblätter sowie die Petersilienblätter waschen und hacken. Beides unter den Joghurt rühren und mit Essig, Salz und Pfeffer abschmecken. Den Joghurt-Dip vor dem Servieren für 45 Minuten im Kühlschrank ziehen lassen.

Chili-Rhabarber-Chutney

Zutaten:

1/2 TL Cayennepfeffer/300 g Rhabarberstangen/1 TL Salz/1 rote Zwiebel/1 TL Senfkörner/1 rote Paprika/60 ml dunkler Balsamico/1 Apfel/1 TL Limettenabrieb/330 g Gelierzucker/1/2 TL geriebener Ingwer/30 ml trockener Rotwein

Zubereitung:

Den Rhabarber schälen, waschen und würfeln. Die Zwiebel schälen und ebenfalls würfeln. Die Paprika entkernen, waschen und würfeln. Die Chilischote entkernen und hacken. Den Apfel schälen, entkernen und würfeln. Bis auf den Zucker, alle Zutaten in einem Gusstopf mischen und für 60 Minuten ziehen lassen. Den Topf auf den Grill stellen und aufkochen. Danach für 30 Minuten köcheln lassen. Zum Schluss den Gelierzucker einrühren und in Weckgläsern abkühlen lassen.

Avocado-Creme

Zutaten:
1 Knoblauchzehe/3 Avocados/Salz/1 Limette/1 Chilischote/1 Tomate/Korianderkraut/1 rote Zwiebel

Zubereitung:
Die Zwiebel sowie den Knoblauch schälen und hacken. Die Tomate sowie die Chilischote hacken. Beides mit der Zwiebel und dem Knoblauch mischen. Die Limette auspressen. Die Avocados entsteinen und das Fruchtfleisch herauslösen. Dieses mit dem Limettensaft beträufeln. Das Fruchtfleisch pürieren und mit dem Korianderkraut würzen. Danach die restlichen Zutaten unterheben und die Creme mit Salz würzen.

Sesam-Sauce

Zutaten:
geschälte Sesamsamen/1 halbe Knoblauchzehe/50 ml Sake/1 Stück Ingwer/150 ml Mirin/1 EL Speiseöl/150 ml Sojasauce/1 EL Sesamöl/50 g brauner Zucker

Zubereitung:
Eine Gusspfanne erhitzen und die Sesamsamen darin anrösten. Den Knoblauch sowie den Ingwer schälen. Beides in dem Sesamöl und dem Speiseöl dünsten. Danach den Zucker hinzugeben und unter Rühren karamellisieren lassen. Anschließend Sake, Mirin und Sojasauce einrühren. Die Sauce unter Rühren einkochen lassen und den Ingwer sowie den Knoblauch entfernen. Die Sauce abkühlen lassen und servieren.

Selbstgemachter Honig-Senf

Zutaten für 5 Gläser:

2 EL Honig/500 g Senfmehl/300 ml Weißweinessig/30 g Salz/1 l Wasser/125 g Zucker

Zubereitung:

Das Senfmehl mit dem Salz und dem Zucker mischen. Das Wasser mit dem Essig mischen und aufkochen. Danach den Honig einrühren und abkühlen lassen. Anschließend das Senfmehl einrühren. Die Masse mit Pause pürieren, bis die gewünschte Konsistenz erreicht ist. Den Senf in Gläser füllen und für 2–3 Tage ruhen lassen.

Paprika-Tomaten-Sauce

Zutaten:

Salz und Pfeffer/1 rote Paprika/Olivenöl/1 Zwiebel/200 g Schmand/1 Knoblauchzehe
150 ml Metaxa/400 g Tomaten aus der Dose/2 EL Tomatenmark/150 g Champignons

Zubereitung:

Die Zwiebel schälen und klein schneiden. Die Paprika entkernen und würfeln. Die Champignons waschen und ebenfalls klein schneiden. Olivenöl erhitzen und die Zwiebel mit den Champignons sowie der Paprika dünsten. Den Knoblauch schälen und hacken. Den Knoblauch hinzugeben und das Tomatenmark einrühren. Die Mischung mit Salz und Pfeffer würzen. Danach die Tomatenstücke einrühren und einkochen lassen. Den Metaxa hinzugeben und verrühren. Die Sauce pürieren. Danach den Schmand einrühren und so lange kochen lassen, bis die gewünschte Konsistenz erreicht ist. Vor dem Servieren die Sauce abschmecken.

Knoblauchsauce

Zutaten:

Salz und Pfeffer/2 Eigelb/300 ml Olivenöl/3 Knoblauchzehen/2 TL mittelscharfer Senf/1 TL Zitronensaft

Zubereitung:

Die Zutaten auf Zimmertemperatur erwärmen. Das Eigelb mit dem Zitronensaft pürieren. Dabei das Öl langsam hinzugeben. Die Knoblauchzehen durch eine Knoblauchpresse hineindrücken. Danach den Senf einrühren. Die Knoblauchsauce mit Salz und Pfeffer würzen.

Haftungsausschluss

Auch wenn der Inhalt mit großer Sorgfalt geprüft und erstellt wurde, kann für die Richtigkeit und Gültigkeit keine Garantie übernommen werden. Der Inhalt mit den entsprechenden Informationen in diesem Buch dient nur dem Unterhaltungszweck. Das Buch ist nicht dazu bestimmt in irgendeiner Form einen medizinischen oder professionellen Rat zu ersetzen. Jede Aussage dieses Buches ist aus eigener Erfahrung und/oder aus bestem Wissen getroffen worden. Das Buch beinhaltet allgemeine Strategien und kann nicht als Anleitung verstanden werden. Ob und wie eventuelle Ratschläge in die Tat umgesetzt werden, liegt einzig und allein am Leser dieses Buches. Der Autor haftet nicht für eventuelle Schäden oder nachhaltige Auswirkungen, die in direktem oder indirektem Zusammenhang mit dem Inhalt dieses Buches stehen.

Impressum

© Marie Krug und Phillip Beckneck

1. Auflage 2020 Alle Rechte vorbehalten. Nachdruck, auch auszugsweise, verboten. Kein Teil dieses Werkes darf ohne schriftlich Genehmigung des Autors in irgendeiner Form reproduziert, vervielfältigt oder verbreitet werden. Marie Krug und Phillip Beckneck c/o Barbara`s Autorenservice Tüttendorfer

Weg 3 24214 Gettorf Covergestaltung: Fiverr.com Coverfoto: Depositphotos.com Taschenbuch wird gedruckt bei: Amazon Media EU S.á r.l., 5 Rue Plaetis, L- 2338, Luxembourg.

Printed in Dunstable, United Kingdom